家庭是人生的第一个课堂，父母是孩子的第一任老师。广大家庭都要重言传、重身教，教知识、育品德，身体力行、耳濡目染，帮助孩子扣好人生的第一粒扣子，迈好人生的第一个台阶。

——摘自习近平总书记在第一届全国文明家庭表彰大会上的讲话

3岁孩子的发展手册

3岁父母的成长手册

中国"家庭·家教·家风"教育丛书

3岁孩子 3岁父母

3~4岁

北京师范大学家庭教育课题组◎著

中国出版集团公司
现代教育出版社

图书在版编目（CIP）数据

3 岁孩子　3 岁父母 / 北京师范大学家庭教育课题组著 . —北京：

现代教育出版社 , 2017.4（2017.10 重印）（中国"家庭 · 家教 · 家风"教育丛书）

ISBN 978–7–5106–5036–9

Ⅰ . ① 3… Ⅱ . ①北… Ⅲ . ①学前儿童 – 家庭教育Ⅳ . ① G781

中国版本图书馆 CIP 数据核字（2017）第 048090 号

3 岁孩子　3 岁父母（3 ~ 4 岁）

作　　者	北京师范大学家庭教育课题组
出 品 人	陈　琦
总 策 划	李　静
责任编辑	赵延芹　张一莹
封面设计	赵歆宇
出版发行	现代教育出版社
地　　址	北京市朝阳区安华里 504 号 E 座
邮　　编	100011
电　　话	010–64246373(编辑部) 010–64256130(发行部)
传　　真	010–64251256
印　　刷	北京佳信达欣艺术印刷有限公司
开　　本	889mm×1194mm　1/16
印　　张	16
字　　数	200 千字
版　　次	2017 年 4 月第 1 版
印　　次	2017 年 10 月第 4 次印刷
书　　号	ISBN 978–7–5106–5036–9
定　　价	39.00 元

专家推荐序

家庭　家教　家风

　　家庭教育，即"人之初"的教育，是儿童接受教育的重要途径，是实现他们社会化的必由之路，在儿童形成良好的思想品德和行为习惯方面起着"形塑"的作用，在培养儿童的社会适应性方面发挥着决定性的作用。因此，家庭教育历来受到人们的高度重视。

　　当前，市场经济的发展，不仅对家庭教育产生了巨大的影响，而且也对其提出了新的要求，于是家庭教育中出现了许多前所未有的新情况、新问题和新课题。长期以来，家庭教育的思想观念和方式方法几乎都是从父辈的"武器库"里继承而来。在过去，这种做法尚行得通。在社会急剧变革的今天，社会生活发生了深刻的变化，如果还全盘照抄传统的家庭教育的思想和模式，恐怕就行不通了。父母们受"望子成龙"的心态所驱，对子女的期望过高，急于求成，往往被子女教育中的诸多问题困扰。不少家长反映：老方法不灵，新方法不明。在教育子女的过程中束手无策，一筹莫展，迫切希望得到有效的指导。

　　广大家长急需理论和实践指导的需求无形中造就了巨大的市场。有

前　言

不误会孩子　不误导父母

　　《2014中国城乡家庭教育现状白皮书》对10.83万名中小学生、幼儿园幼儿及家长进行了问卷调查。数据显示，不知道教育方法的家长占37.82%，没时间教育孩子的家长占26.19%。超过一半的家长表示，当孩子出现问题时，希望能得到专业帮助，并且有81.4%的家长认为家庭教育有很多学问，需要学习和培训。然而，目前社会能提供给家长系统学习家庭教育理念及方法的渠道还不足以满足家长的现实需求。其中，家长通过书籍学习的占30.53%，自己摸索的占21.85%，朋友交流的占18.01%，从媒体获取知识的占13.16%，从家长会渠道获取的占12.71%。调查显示，89.09%的家长已经意识到孩子身上表现出的问题源于家庭教育。

　　当今，我们为什么需要高质量的家庭教育？而且这件事又显得那么急迫？每个家长提起孩子都或多或少显得无奈和手无举措，到底是哪里出了问题？

　　教育源于家庭，在我国传统的社会家庭中，父母的教养更多的是告诉孩子做人必须坚守的道理和原则，并为孩子提供一些物质方面的供给。那时的社会环境和家庭条件给了孩子很大的发展空间，孩子的很多意识习惯、行为规范都是在父母的言传身教，以及与兄弟姐妹、亲戚朋友、左邻右舍之间的游戏、交往和日常生活中完成的，逐渐长成为有着自己的兴趣和爱好、有着自己坚持的生活态度和原则、也有着自己引以为豪的进步和成就的社会人。

如今，中国社会仍处于转型期，人口流动量大，城镇化快速发展，独生子女的一代逐渐成了新一代的人父人母，这让存在于生活中的真实的朋友圈越来越狭窄，每个小家庭关上了门就"与世隔绝"。这给新一代的年轻父母在教养子女方面带来了很大的困惑，他们认为"生存就必须具有强大的竞争力，所以孩子就应该从小教育，而且越小投资对孩子未来发展越好……"。

于是，胎教、早教、兴趣班、艺术教育、外语教育等各种为孩子未来投资的活动开始了，父母害怕在竞争激烈的今天自己的孩子输在起跑线上，"义无反顾"地替孩子做主，让孩子从小走进技能和知识的世界，满心欢喜地为他们关闭了意识态度、行为习惯养成的大门。然而，仅存下来的对孩子社会适应能力的说教，远不够帮助他们处理好各种社交问题。育儿问题带来的焦虑更让家长们深陷亲子关系、夫妻关系及隔代关系的矛盾中，结果则是传统的社会人伦关系被抛弃，最终让我们生活在无序的生活中。

随着儿童年龄的不断增长，《N岁孩子　N岁父母》（0～6岁）这套书，希望可以伴随新一代的年轻父母，不断学习、观察、发现、理解儿童成长的一点一滴。与此同时，也希望可以伴随着父母们在一点一滴中同步提升自己为人父母的能力与技巧，成为与孩子同步发展进步的爸爸妈妈。

我们一直坚持着这样的理念开发了本套丛书：（1）不误会孩子：爱TA，就要理解TA；（2）不误导父母：爱TA，就要帮助TA。通过这套丛书，我们希望不仅可以帮助父母们获得家庭教育的相关知识，更希望经过多年的共同努力、共同成长，探索出适用于我国本土经验的，具有实践指导意义的家庭教育指导手册。

北京师范大学家庭教育课题组

2017.3.10

注：北京师范大学家庭教育课题组，是以儿童心理学、教育学、家庭教育学、社会学等多领域的跨学科理论为指导，以当前中国家庭教育的相关政策及实际问题为指向，致力于中国本土化的家庭教育研究，服务于家教体系完善、家教实践指导及家教政策倡导的专业研究团队。

尚立富博士，北京师范大学家庭教育课题组发起人，中国公益教育研究所所长。1998 年至今，关注并从事西部农村教育、公益教育等领域研究近 20 年，著有纪实报告《苦乐之旅》《行走西部》《隐痛与希望》等，主编教材《小学公益教育实践教程（1～6 年级）》。

本课题组联系方式：jiatingjiaoyu@bnu.edu.cn。

3～6岁孩子发展的关键特征

年龄	领域		
	身体和动作	认知和语言	社会性和情绪
3岁至4岁	生长速度慢，身高有增长 **大动作** 摆动手臂走路 单脚平衡 骑儿童三轮车并能掌握方向 快跑 快速并顺利爬不同楼梯 过肩投球有精准度 跳起来接球	按照单一维度对物体归类（如颜色、大小、形状） 按表象来判断数量 一一对应 背到10 理解数字代表数量 注意广度增大；能注意到更多细节 能执行包含3步的指令 区分白天和黑夜 喜欢并愿意参与读书和讲故事 自我对话 词汇量快速扩充	分享、轮流 参与小组和合作游戏 愿意让成人满意 理解他人也会有想法、观点和记忆 认为自己的想法、感觉和其他人的一样 有一些性别刻板印象相关的看法和行为

（续）

年龄	领域		
	身体和动作	认知和语言	社会性和情绪
3 岁 至 4 岁	**精细动作** ● 自己穿衣服，偶尔需要帮助 ● 用剪刀 ● 能按照示例画直线和圆 ● 画简单的人物像	● 说 4 ~ 5 个词的句子 ● 理解关系词（在上面、里面、下面）	● 用肢体表达强烈的情绪（如愤怒时会去撞击）
4 岁 至 6 岁	● 腿脚长长；身体比例接近成人 **大动作** ● 大动作更迅速敏捷 ● 独自上下楼，倒脚 ● 倒脚跳	● 从他人的角度对空间进行表征 ● 制定计划并预期结果 ● 根据功能分类 ● 根据不止一个维度排序（如颜色、大小、形状、重量） ● 能区分现实和想象 ● 理解时间概念，如昨天、今天和明天；使用钟表和日历	● 与成人相比，更喜欢同龄儿童 ● 可能有特别的或最好的朋友 ● 可以用语言表达强烈的情绪 ● 情绪变化很快

（续）

年龄	领域		
	身体和动作	认知和语言	社会性和情绪
4 岁 至 6 岁	● 爬和跑的动作更熟练 ● 只用手和手指投球、接球 ● 运球、颠球 **精细动作** ● 用剪刀沿着直线切割 ● 按示例画三角形和十字 ● 握笔更熟练 ● 有优势手	● 背数到 20，点数到 10 ● 知道字母和数字不同 ● 记住一些字母和数字序列 ● 认识一些印刷文字 ● 讲出熟悉的故事 ● 对一些词下定义 ● 问问题并期望得到有信息量的答案 ● 大约有 5000 的词汇量	● 意识到自己的行为会对他人造成什么样的影响 ● 在游戏和活动中更具合作性 ● 为了避免消极结果会违背规则

目　录

第二部分

做智慧的 "3 岁" 父母 /55

第一部分
读懂你的 3 岁孩子

"你3岁啦！"作为父母的我们在对孩子说这句话时应该是感慨万千的。3岁是一个人成长中的小小转折点。在这一年，孩子将在身体、运动、语言等方面获得极速发展，并要开始离开父母进入幼儿园，适应集体生活。3岁是发展自主能力及培育生活自理能力的关键期，是自母体脱落和"断奶期"之后，孩子与妈妈又一次重大的剥离期。能力的增长给他注入走向独立的勇气，但分离的惶惑又使他内心焦虑不安，所以，这个阶段的孩子大多都会格外依恋妈妈。3岁的孩子开始对同伴感兴趣，但父母经常不解，为什么他们在一起时，很难真正玩到一起，甚至为了玩具大打出手、不欢而散？3岁孩子是个奇怪的矛盾体，他们想要走向独立却不够自信，渴望朋友却冲突不断，各方面的发展都是进进退退、起伏不定。很多人都说他们正在经历人生的第一个叛逆期，是无理取闹的小魔头，但只要你能真正走进他们的内心，其实3岁的孩子很可爱。

一座被唤醒的火山

——3 岁孩子的身体与运动发展

3 岁孩子的身体是一座被唤醒的火山，充满无尽能量，更隐藏着无穷冲动。他们好动又自不量力，随时都有蹦到天上或其他危险地方的可能，让父母处处担惊受怕；他们好奇又不计后果，什么都想试试，制造出许多"破坏行为"。他们的身体还具有极强的秩序感，当一件事情被中途打断时，他们会大叫着要求"再来一次"。现在，就让我们走近这座火山！

我能行，我自己来：动作与能力

自由活动能力大大增强

有一天，你和家人翻看孩子之前的照片，突然都叫道："哎呀，长得真快啊！和以前不一样了。"不知在哪个神秘的时刻，孩子到了 3 岁，就悄悄地变脸了：脸上嘟嘟的婴儿肥突然不见了，脸部轮廓线条日渐明显，凸显出自己的长相特色。头与身体的比例也趋于协调，身体外形比 2 岁时更加苗条结实，具有更加强健和成熟的外观。在身体外形上，3 岁孩子更像是一个小大人了。

很多妈妈发现，当孩子进入 3 岁后，会常常把"我能行""我自己来"挂在嘴边。这是由于这个年龄段的孩子自由活动能力大大增强，表现出独立的愿望，同时身体各项能力增长也带给他们自信。

小脚越来越平稳

3 岁孩子开始发展出许多掌控自己身体的能力，他们的力量也获得发展，腿脚的肌肉不断增强（有些孩子会出现"生长痛"，有腿疼现象），增添了蹦跳的信心。如果留意观察，你会发现，之前还跌撞不稳的他现在已经能够单腿跳，能用双脚跳过较低的障碍物，外出散步时还要顽皮地走马路牙子，喜欢险中求稳的感觉。有些孩子上楼梯时喜欢一步跨两个台阶，有些孩子下楼梯时喜欢在最后两三个台阶上一跃而下。

小手越来越灵活

3 岁孩子的小手似乎也变得更加灵巧了，抓握和配合能力有了极大的进步。这使得他们能够轻松完成许多之前难以完成的工作，如拿筷子、握画笔、串珠子等。他们开始通过完成各种具有难度的动作和任务，对自己的身体建立更多的自信。小小的他们尝试独立地完成许多事情，"我自己来"也成为他们最爱挂在嘴边的一句话。

这个阶段是培养孩子生活自理和良好生活习惯的关键时期。在成人的正确引导下，多数孩子能够自己吃饭、刷牙、漱口，还能学会自己上厕所、擦屁股，会用手绢或餐巾纸擦鼻涕等。即使没有成人的帮助，他们也可以自己穿、脱简单的衣服和鞋袜，可以轻松地解开纽扣或拉上拉链。

虽然很多时候，他们在练习自己穿衣时，还是会习惯性地左鞋右穿、右鞋左穿，感觉像撇着脚走路的卓别林一般滑稽可笑，但从双手的灵巧程度看，他们已经取得了突破性的进步。这个阶段，系鞋带对很多孩子而言还是一项比较艰难复杂的工作，因此家长们要尽量为他们购买不带鞋带的粘扣鞋。

3 岁的孩子还会用身体来挑战一些更有难度的工作，尝试使用各种工具。他们会用剪刀剪开牛奶袋，用钳子夹核桃，如果身边没有钳子或锤子，他也会尝试用其他东西来砸核桃，借助身体与工具的完美配合，体验着人类依赖身体，却又超越身体的独立感和自由感。这是 3 岁生命进程中的重大改变！

充满动感的身体：运动特征

停不下来的弹力球

3 岁的孩子喜欢运动，更需要运动。他们像一个充满气体的弹力球，随时都有蹦到天上或其他危险地方的可能，让父母处处担惊受怕。只要是醒着的时候，他们就要动个不停。但是请你放心，你那精力充沛的 3 岁孩子突然爬上餐桌又一跃而下，并非是为了把你吓死；他们爬到攀高架最高处张开双手，也不是为了让你的心跳出嗓子眼；他们不停地奔跑活动，绝非故意想让你大汗淋漓满世界追着他们……3 岁孩子好动，是因为他们身体里盛满了旺盛的能量，他们需要通过运动释放多余的精力。

喜欢用身体展示性别特征

3 岁孩子还喜欢用身体展示自己的性别特征，男孩女孩开始喜欢不同的游戏。例如，在没有成人监控的情况下，几个小男孩很快就会揉搓在一起扭来打去，看起来像是要打架，但其实是他们在相互展示自己的力量，在用肢体语言进行沟通，而且这些都是他们最开心的事情。相对而言，小女孩一般比较安静，不会像小男孩那样好动和不安分。所以，在幼儿园里你会发现，大部分女孩的适应能力要比男孩好得多，因为她们的身体活动特点，使她们更适应幼儿园的室内活动，如玩娃娃家、做手工、绘画、拼积木等。

充满好奇的"破坏王"：行为特征

像科学家一样寻找答案

蚂蚁被踩死之后，还会动吗？

雨靴里进水会是什么感觉？

从这个长长的大坡上往下跑，会不会飞起来？

……

3 岁孩子是一个内心充满好奇心的调皮鬼，他们喜欢用身体来满足自己的好奇欲望。面对许多迷惑不解的事物时，他们更倾向于动手去研究，去验证事物的原因。有个 3 岁孩子，听妈妈讲了《肚子里有个火车站》的故事后，对肚子里的火车精灵发生了浓厚的兴趣。为了寻个究妈索性抱起他快速下了楼。可到楼下刚放下孩子，他就大哭起来，倒在地上不起来。妈妈一心想着上幼儿园快迟到了，要赶时间，耐下性子安慰他、哄他，但他什么都不听，非要妈妈把自己重新送上楼，他要按照自己每天下楼的顺序和节奏再下一次楼。妈妈各种劝说都不起作用，最后只能送他回去，让他自己走下来。最后他心满意足了，欢欢喜喜地跟着妈妈去了幼儿园。

这位妈妈后来的做法是明智的，但她未必理解孩子的心意。身体是3岁孩子感受空间秩序的重要参照，他们要求事情的发生顺序必须要符合内心的秩序感。如果没有用身体亲自感受和完成整个事情的经过，事情就是不完整、不完美、不成功的，必须重新来一次。所以，无论时间多么紧张，情况多么紧急，他们都只关注事情是否能重新回到自己原来的秩序。

有了这些身体秩序感的要求，3岁孩子的生活中就多了许多的"必须"和"绝对不能"，一些孩子甚至到了极度苛刻的程度。例如，他在为大家演唱一首歌时，中途要是有人发声或打断他，他就会要求从头再来。观看动画片时，要是有人中途接电话或出去一下，也会使他感到不舒服，他就会要求重新播放。如果他在全神贯注地画一幅画，坐在一边的你忍不住赞扬一句时，他会一脸怒容地向你大吼："你弄坏了我的画，我要重新画！"很显然，他正在享受身体及动感都不被打断的过程，你扰乱了他身体的节奏和秩序，他并不欢迎你的表扬！

生活中遭遇 3 岁孩子"推倒重来"的事情，的确让许多家长身心疲惫，但请相信，这只是孩子成长过程中不可避免的一个阶段性过程，而且是普遍存在的现象。3 岁孩子之所以这样，是因为他们需要稳定的外部秩序来保持自己对环境的把控感和安全感。如果家长能换个角度接纳孩子，就会发现孩子并不是无理取闹。

艇""最最爱"等。在他们日渐丰富的词库里，他们最感兴趣的是一切具有新鲜感的词语，这些词语本身体现了他们的心智发展程度。

3 岁的孩子已经能够和大人进行完整的对话，能表达自己的想法，能完整地描述一件事，会故意重复说一些自己认为有意思的词逗笑他人。但相对而言，他们更喜欢沉浸在"自言自语"的语言快乐中，用一种自我表白的方式把心里的想法全都说出来，并常常借助动作来辅助表达。比如，玩游戏时，他们会边摆弄手里的玩具边喊："开车了，呜……到站，停车。要拐弯了，呀，红灯亮了，停车……"嘴巴简直就是他们思想的"外挂机"，只要大脑不休息，他们的小嘴就永远停不下来。

自我表达能力增强

3 岁的孩子渴望表达，他们不仅能说出自己的年龄、自己的姓名、父母姓名、住址，还可以背诵儿歌、古诗等。相对而言，他们说话的清晰度明显提高，所用句子的长度和复杂度逐步增加。但多数时候他们说话会存在语病，表达还不够流畅，比如常常带一些口头语，分不清某些近似发音，会把"哥哥"说成"得得"等，少数幼儿甚至口吃。3 岁孩子虽然开始使用一些复杂的修饰语，但言语表达仍是情境性的，与成人自由交谈还有一些困难。父母可以在这个阶段多启发孩子用自己的语言来叙述一件事情或一个故事，促进他们这方面的能力发展。

爱用"暴力语言"

　　3 岁孩子多数"有口无心"，很多时候，他们并不是在真正地表达和交流，而是在借用嘴来感受语言的力量。这就是为什么有些孩子爱用"暴力语言"和"爱诅咒人"的原因。比如，在万分生气的时候，他们可能会对自己最迷恋的妈妈说："你是世界上最坏的妈妈！"或干脆来一句"臭妈妈！"也会对着突然拿走他心爱玩具的伙伴说："你不是我的好朋友，我要把你打死！"妈妈提醒他和老师、叔叔、阿姨打招呼，他却脱口而出"臭屁老师好！""笨蛋叔叔好！"等，这些话或让妈妈深感伤心，或让教养他的人在公共场合万分尴尬。

　　如果你用成人的眼光看孩子，就不免感慨自己心爱的宝贝怎么会变得冷漠无情，甚至还有一些暴力倾向。而有些孩子在你反应激烈、试图阻止他时，甚至会变本加厉，说出一些沉重敲击你神经底线的话。但如果你能换个角度来理解和接纳他，试着透过语言表象了解他内心真正的动机，你就会发现，其实很多时候，他们不过是有口无心的善良小孩。他们那样说，纯粹是因为他们喜欢那样说说而已——他们是换种方式在感受语言的神奇与力量。

Tips

在孩子出现"暴力语言"时，父母切忌反应过度，严厉地训斥孩子或给孩子贴上"没礼貌"的标签。父母的过度反应可能反而会强化孩子的"暴力语言"，因为孩子发现这些语言可以引发别人的激烈反应，有着强大的力量。

稀奇古怪的"为什么"：好奇心

"为什么"里藏着许多情绪表达

"妈妈，星星会不会掉下来？"

"妈妈，恐龙为什么灭绝？"

"妈妈，卖火柴的小女孩为什么没有妈妈？"

……

不知从什么时候开始，孩子的语言里多了无数的"为什么"。3岁孩子为什么会有那么多的为什么？都已经给了他们答案，为什么还有那么多问不完的"为什么"？

"卖火柴的小女孩为什么没有妈妈？"

3岁的孩子这样问妈妈。妈妈回答她："因为小女孩的妈妈生了大病，去世了。"

孩子不能理解，过几天，又问了一次相同的问题。妈妈给了她第二种回答："因为不是所有的孩子都有妈妈，有些孩子出生后就没有妈妈。"

"妈妈，为什么有的孩子出生后就没有妈妈？"

"因为……"这个问题真是难以回答。

"小女孩都会变成卖火柴的小女孩那样吗？"

妈妈似乎感觉到孩子心中小小的忧愁和恐慌。

"你是怕自己也没有妈妈，变成卖火柴的小女孩那样，是吗？"

"是的。"

"放心吧！妈妈会永远和你在一起，妈妈保证，你不会变成卖火柴的小女孩那样。"说完，妈妈紧紧地将孩子揽入怀中。

从此之后，孩子再也没有问过妈妈这个问题，因为她已经得到了最渴求、最满意的答案。

孩子的"为什么"里藏着很多心事，暗含着许多情绪表达。尤其是对于 3 岁的孩子而言，他们处在魔幻主义的世界里，摸索着理解世界的真相，必须与自己的想象，以及真实的外部世界进行搏斗。于是，在他们口中就会时不时地出现令人费解或让人困惑的"为什么"。

用"为什么"来认识世界

另外，"为什么"是 3 岁孩子认识世界的一把钥匙。随着他们感官能力的逐步提升，孩子希望自己不再是一个简单的"接收器"，被动地接受信息。他们更渴望积极主动地参与到对事物的深入认识和塑造中去，给自己的感官感觉更准确详细的补充。因此，他们很想知道自己所见所闻的事物和事件是什么，为什么会是这样。他们提问是为了了解自我和周围的世界。

在各种各样的答案中，适合孩子的往往不是成人给予的所谓正确的答案，而是那些孩子能够接受和理解的答案。孩子只要面对一个自己关注和困惑而成人又给不出"合适"答案的问题，必然会打破砂锅问到底。

不会算数的小迷糊：对数的初步概念

会背数，但不会算数

一位 3 岁孩子的奶奶总是向周围人炫耀："我家孙子可聪明了，前几天数数能数到 30，这几天已经能数到 40 了。"一次，小家伙要吃开心果，奶奶打开盒子，说："宝儿，拿 3 颗，不要抓多了。"但小家伙伸手一抓就是一大把，还掉在地上几颗。奶奶不高兴了，问："这是几颗啊？"小家伙张开小手心，用手指点着数："1、2、3、4、5、6……6 颗。"外婆一听数对了，接着问："奶奶刚才说只让你抓几颗来着？"孩子怯怯地说："3 颗。"奶奶追着问："那你抓的多了几颗啊？"小家伙一脸迷惑地说："多 5 颗。"奶奶更不乐意了，一张脸绷得紧紧的，抱怨孩子："平时数得那么好，今天怎么迷糊了？"

显然，这位奶奶高估了 3 岁孩子的数字能力。会背数不一定真的明白数字的概念。3 岁孩子之所以会数数，确切说是在背数，更多的是一种机械的记忆，他们还不能真正理解数字的含义，对于数字之间的关系更是模糊不清。

口头计数能力发展的最佳期

3 岁是孩子口头计数（说数）能力发展的最佳期。在成人的引导下，孩子能够按照一定顺序说出数字名称，并能用手指点数，用头点数，或用眼睛盯着物品进行点数。但是，一旦他们在说数过程中被打断，就只能从头开始，这说明他们的口头说数能力处于类似顺口溜的机械模仿阶段。

父母在生活中多给孩子创造实物点数的场景，可以极大促进孩子数量关系认知的发展。如上楼梯时，边数数边上；摆放餐桌时，让孩子数数桌子上共有几个碟子；阅读绘本时，让孩子数数图画里的动物有几只等。

虽然 3 岁孩子在点数后一般能够说出总数，但这个阶段的孩子对于数量之间的关系对比，如 3 比 2 多几，4 比 6 少几，还不能形成明确的概念，不能将数数作为一种解决问题的方法。

天亮了就是白天：时间概念

只能理解具体的时间概念

3 岁孩子能掌握一些最初步的时间概念，但总是摆脱不了空间的限制，不能把时间作为一个独立于自己之外的、客观化的东西来看待，多少带有主观的、情境化的色彩！很多时候他们会把时间与特定的地方、人物和情景联想在一起记忆。例如，当他看着钟表上某个具体的时刻时，能够准确地说出是几点了，这并不代表他已经真正地认识时刻、认识钟表了，而是因为那个时刻正好是爸爸或妈妈要下班回家的时间。如果在这个固定的时间里，爸爸或妈妈突然不出现，他就会产生疑惑，因为在他的印象里这个时间是专属的，他不明白为什么会发生变化。

在 3 岁孩子的头脑中，最容易感知的是大块的时间，他们能够以光线的明暗为界限理解一天的时间，初步理解早晨、中午、晚上、白天、黑夜的含义，如"天亮了就是白天，天黑了就是晚上"。但他们还不能区别今天、明天、昨天，常常会说出"明天我们去了动物园，看了小动物"等用未来说过去的话。

但在具体的时间上，他们的感知力还很薄弱。最典型的例子就是，当他们与父母因为时间讨价还价的时候，父母说："再玩 5 分钟就回家吃饭！"他马上会还价说："不行，再玩 4 分钟。"惹得父母哭笑不得。同样，如果你告诉一个刚满 3 岁的孩子，5 分钟后必须离开公园回家，那么很有可能 5 分钟之后，他仍然大哭着还要继续玩。有些孩子甚至能看着钟表准确报出整点和半点，甚至能够看着钟表说出爸爸上班和下班的时刻，但那只是个形象记忆而已。确切地说，这个年龄阶段的孩子还不理解时间的概念。

对时间的理解具有情境性

3 岁孩子对时间的理解具有具体形象性，喜欢以自身的生活经验为参照物。比如，对他们来说，"昨天"不是已经过去的前一天，而是"和爸爸妈妈一起去公园玩的一天"；"明天"也不是接下来将要到来的新的一天，而是"要去奶奶家吃饭的时候"。再比如，"晚上 8 点"的睡觉时间，并不是 8 点钟的概念，而是"喝牛奶、洗澡、听妈妈讲故事"之后的一个固定时间；同样，"中午 12 点"的午饭时间，也不是钟表代表的那个具体时刻，而是代表"摆桌子、铺餐垫、放碗筷"一系列固定动作之后的一个时间。在 3 岁孩子的世界里，时间总是固定地与生活中的某些事情紧密相关。父母可密切联系孩子的生活事件来帮助他们认识时间。如可增加早上起床要洗漱、晚上及时睡觉等对话内容，加强他对白天、中午、夜晚的印象。

在具体策略上，一个很好的办法就是尽量把时间"具象化"，帮助孩子理解和巩固时间的概念。如对于哭闹着要看电视的孩子说"吃晚饭之后，我们再看动画片"；对于看电视已经痴迷，很难停止的孩子，在打开电视之前就说"等到定时器铃声响起后，我们就停止"；对于在幼儿园里不会等待，急着要荡秋千的孩子说"你站在这里数到 10，就轮到你荡"等等。

另一个很好的办法就是把时间"视觉化"或"听觉化"，让孩子能够看见和听见时间，将时间内化为身体的节奏或形象。设定定时器、音乐提示，或在家里张贴提示图，都是很好的方法。

想象即真实：分不清幻想和现实的自由联想期

想象力天马行空

著名漫画家丰子恺有一幅广为流传的画，叫《瞻瞻的车》，画的是他年幼的孩子把两把扇子想象成一辆两轮自行车，快乐飞奔的场景，表现了 3 岁孩子想象力的可爱与可贵！ 3 岁孩子玩游戏时，能够逐步加入自己的想象。3 岁之前，她们会把洋娃娃抱到小床上，给洋娃娃盖上被子就已经大功告成了。但到了 3 岁这个时期，孩子特别爱玩情景模仿游戏。同样是玩洋娃娃，她就会把自己当作妈妈，假装着给洋娃娃穿睡衣、喝牛奶，用手摸摸洋娃娃的额头，拿体温计给她测体温；或者模仿司机，把小板凳当作火车，口中发出呜呜的声音开火车；模仿太空宇航员时，就好像自己在太空中飞来飞去……3 岁孩子就是这样凭借想象扮演各种角色来玩游戏的，他们开始学着把生活中看见的、听见的、感知到的形象再造出来。

3 岁孩子想象的内容之间往往是无意义地联系在一起的，不局限于具体的事物，犹如天马行空一般，所以他们的想象力常被称作"自由联想"期。而且他们会根据行动发生的变化，随时改变自己想象的事物，如同自由发散的意识流，没有起点，也不考虑终点。这个阶段的孩子最喜欢的就是沉醉在自己想象的过程中，而不是想象的结果。

画画是表达想象力的最好方式

3 岁孩子画的人一般只有头和手脚，不会有更多的细节。这反映了他们此阶段想象力的一个重要特点，即对事物特征的想象不完整，缺乏意义和目的。很多 3 岁孩子喜欢用不同大小的圆圈来表达意义。例如，他会画一个大圆圈，说那是月球，接着又画一个椭圆，说是警察局，然后在两个圆中间又添一个圆，说是警察正坐着宇宙飞船去月球抓坏蛋。他会给那些杂乱无章的圆圈和线条赋予意义，使一团团无意义的抽象画变成具有意义又独一无二的故事情节。但如果没有富于想象力的语言做诠释，人们看见的只是平铺在纸上的三个圆圈，毫无意义。

但 3 岁孩子的想象力确实还只是处于低级阶段，内容也比较贫乏，目的性不明确。比如他们画画，刚开始说要画一根香蕉，画着画着又变成了月亮，再后来又变成了一艘大轮船，可是轮船的前面开着一个口，最后又变成了一只正在喷水的大鲸鱼……

如果你用心去"听" 3 岁孩子讲述他的画，每一幅画都是一个魔幻现实主义的创作。父母如果用心，可以把孩子的这些画和他所讲述的内容记录下来，这对孩子来说是无比珍贵的生命礼物，对父母而言，这也是深入了解孩子的一扇窗户。

幻想自己有位"隐形"的朋友

　　3 岁孩子的世界有时候仍然是一个充满梦幻气息的朦胧之境，这使得他们很难将幻想与现实区分开来。他们个个如同塞万提斯笔下的"堂·吉诃德"，常常根据自己的愿望去幻想和想象，用自己的想象力给无生命的物体赋予生命特性和情感，每天都与自己想象中的人物生活在一起。

　　在英国著名绘本作家罗伦·乔尔德创作的《我不困，我不想睡觉》一书中，有这样一个精灵古怪的小女孩，晚上她总是闹着说不要睡觉，并且找理由说，如果要她喝草莓牛奶上床睡觉的话，她的好朋友"老虎"也要一起喝。哥哥问她什么老虎，她回答说："就是桌子旁边的那些老虎啊，他们正在等着喝他们的睡前牛奶呢，要是让他们等太长时间的话，他们准会发脾气。"然后，让她洗澡，她说澡盆里有只大鲸鱼；让她穿睡衣，她说睡衣是两只跳舞的狗；让她进被窝，她说被窝里有只大河马……

孩子居然会"撒谎"

如同上面讲的那个难以安抚的小女孩，许多 3 岁的孩子会沉浸于自己虚构的影像中，不能区分什么时候虚幻结束和真实开始回归。有时，他们还会把想象和现实相混淆，"编造"一些事情，有模有样地说出来，并对某些特征和情节加以夸大。一个小男孩从幼儿园回来告诉妈妈："老师说了，要把不听话的孩子丢进垃圾桶。"说着就大哭起来。妈妈听后大惊，第二天早上询问老师才知道，原来昨天幼儿园有一个活动叫做"垃圾该到哪里去"，为配合教学，老师带孩子认识了幼儿园的垃圾站，不想，这被小家伙改造成了要把不听话的孩子丢进垃圾桶，这无疑是他在现实中加进了自己想象的情节。

虽然无厘头的幻想会给 3 岁孩子的父母带来很多不必要的麻烦，但这的确是 3 岁孩子成长的精神养料，父母要多走进 3 岁孩子的内心，倾听他们的声音。另外，多带孩子体验生活，闲暇的聊天及专心的聆听，都是父母培养孩子想象力和创造力的好途径。

"五音不全"的音乐迷：音乐感受力

非凡的听觉感受能力

3 岁孩子已经具备了一定的听觉辨别能力，也有了一定的听觉记忆能力，比如记忆音乐、再现音乐的能力。多数孩子在听到音乐时都会有本能的身体反应，比如跟着节奏点头扭屁股，这种现象到了 3 岁会更明显。3 岁孩子对节奏的兴趣大增，喜欢听节奏鲜明、欢快的音乐，会随音乐特点做动作，比如拍手、摇动或晃动手臂、用手指点或拍击身体的部位、点头或摇头、小幅度慢速度地运动躯干等最简单的非移位动作，但他们的腿部力量较弱，脚掌缺乏应有的弹性，身体左右摇摆大，自控力不强。

对音乐的认知只停留在外在的模仿和兴趣上

在唱歌方面，3 岁的孩子能够较完整地再现一些短小的歌曲和较长歌曲中比较完整的片段，但在歌词含义的理解方面还是经常会遇到困难，只能用自己已有的有限经验去理解歌词的含义。例如，有许多孩子会把幼儿园升国旗时播放的"五星红旗迎风飘扬，胜利歌声多么嘹亮"，唱成"胜利歌声多么漂亮"。他们习惯于从熟悉的"发音效果"去记住歌词，而不是从歌词的真正含义去理解歌曲。他们掌握的歌曲节奏也十分有限，即便是简单的节奏也不能够唱得非常准确。在成人的有效引导下，孩子能够跟着学唱，但多数孩子的五度音唱得很不准，即我们通常说的"五音不全"，他们还没有基本的音乐模仿力。

3 岁孩子开始对歌曲风格表现出较明显的个人倾向，甚至能够理解音乐背后传达的情感和主题。多数小男孩对于"军人"歌曲的热爱，已经达到了专业音乐迷的程度。如果成人能够给予足够的满足和支持，他们甚至能够把非常有难度的军歌演唱得有板有眼、声情并茂。但要真正完整地表演一首歌，对于绝大多数 3 岁孩子来说还是极有难度的。一般在这个年龄阶段，孩子对于音乐的喜爱，还只是停留在外在的模仿和兴趣上。

3 岁是孩子心理发展的转折期，即"第一反抗期"，这是孩子自我意识产生后的第一次飞跃。突出的表现是闹独立，尝试通过许多试探性行为摆脱大人的摆布。3 岁的孩子虽然喜欢在生活中处处抗拒你的命令，挑战你的权威，但其实他们比任何时候都需要你给出界限规定和底线，因为大多数 3 岁孩子虽然外在叛逆，实际上却是内心渴望规则的"顺毛驴儿"。

第 *3* 章

闹独立的"顺毛驴儿"

—— 3 岁孩子的情绪与个性发展

喜欢自己说了算：膨胀的自我意识

自主感萌芽

你见过大冬天里穿雨靴的人吗？你见过早上非要装扮成公主模样才肯去学校的孩子吗？你见过非要在西红柿炒鸡蛋里撒上糖才能吃饭的人吗？……

对，这就是 3 岁的孩子。有一天，他们个个像是伊甸园里突然擦亮眼睛的亚当和夏娃，不要再受制于父母的安排和摆弄，喜欢自己说了算，哪怕是不合常规、略显荒唐的事情。以前多数由妈妈（或主要看护人）决定的事情——比如，出门穿哪件衣服、带什么东西、去什么地方玩等，他都会强烈争取要自己来选择。甚至于大冬天里穿雨靴出去玩，去幼儿园非要穿海军服、带小手枪，女孩一定要打扮成公主的样子，睡觉一定要抱着自己喜欢的小宠物，都是他努力为自己争取的主导权。

喜欢"发号施令"

有了这样的自我存在感之后，3 岁的孩子开始喜欢对别人"发号施令"。比如，他会要求家里人都不要说话，不许动，安静地听他说话。或者，他会要求大家按照他所说的规则进行一场游戏比赛，只要有人稍微犯规，他会马上要求重新开始。3 岁孩子爱对别人发号施令，希望别人能按照他的指示行事，在指使别人的言语中，他开始拥有"自己说了算"的感觉。

对妈妈而言，孩子长到 3 岁，好像凡事都有了自己的主意，想和她对着干。如果父母能够顺应孩子的这个特点，在生活中给予他们自己做选择和做决定的机会，就会极大减少亲子冲突和紧张氛围。例如，对于早上不愿意穿衣服去幼儿园的孩子，妈妈可以问"今天要穿红色的衣服，还是粉色的衣服"；对于赖在幼儿园门口哭着不愿意进教室的孩子，可以和他商量"XX，你今天是想让妈妈来接你，还是让爸爸接？"相比"只要你……就可以……"的奖励方法，让孩子在自己做主的感觉中转移注意力，是与这个阶段孩子沟通协商的更好办法。

知识拓展

美国心理学家卢文认为，在幼儿的自我发展阶段中，有一个阶段属于幼儿的第一反抗期，一般出现在 3 岁左右，即幼儿的"冲动阶段"。他认为，幼儿的冲动是他们的独立宣言，一般处于冲动阶段的孩子经常会说"不""我说了算""我要自己来"，对成年人有强烈的反抗心理。他们希望通过反抗成人的观点和命令来证明自己的存在，希望自己也可以像成人一样能下命令、做决定，让别人听从自己，向外部世界宣布自己已经具备的能力。心理学家把这个阶段幼儿成长中出现的亲子冲突形象地比喻为"儿童的第一反抗期"。

做事有了自觉性

3 岁之前的孩子思维还处于一种最初级的阶段。从行为表现看，最明显的特征就是"跟着感觉走"，做事情没有明确的目的和计划，走到哪儿，想到哪儿，想到哪儿，就做到哪儿。从家里走到另一个不远的地方，也要花上 10 分钟或更长的时间，路上的任何东西都可能像磁铁一样吸住他们——地上的蚂蚁洞、路边跑过的一辆车、一根小狗的臭臭，都可能会让他们驻足观察半天。

但是到了 3 岁，幼儿做事情，特别是对自己感兴趣的事情，开始有了自觉性，并且能够更持久地做一件事情，注意力不易受到转移。许多父母在之前经常使用的"转移注意力"的方法，在这个阶段会突然失去魔力。

2 岁的孩子希望去碰一件东西，聪明的父母只要使用其他的物品分散或转移他的注意力便可以阻止。但是到了 3 岁之后，孩子有了自己的想法，要去干一件事情，无论你怎样转移，他都会有意识地坚持自己的行为。例如，一个 2 岁的孩子想要爬窗户，妈妈觉得危险，于是递给他一个会叫的小狗玩具，或会闪亮光的汽车，就可以马上吸引他的注意力，使他把刚才要去做的事情忘记得一干二净。但是对于 3 岁的孩子，他也许也会接受你中途的诱惑和贿赂，但是最终，他还是要坚定地朝着自己的最初目标爬去。

再拿画画为例，2 岁的时候，孩子在纸上画了无数个圆圈，尽管他在嘴里嚷嚷着说"这是汽车，那是小狗"，可是如果你在一边说："这不是汽车和小狗，是蛋糕和苹果吧？"绝大多数孩子会响应你的说法，也说那是蛋糕和苹果。2 岁孩子的行为或想法会受到别人的影响而发生改变，是非常没有定力的。但是到了 3 岁，孩子就开始有目的、有意识地去画画。同样的情景，无论是老师或其他什么人说："这不是汽车和小狗，是蛋糕和苹果吧？"她都会坚定地反驳道："不对，这是汽车和小狗。"这个阶段的孩子，开始有目的地动手做事，一般是不容易被改变的。

　　做事开始有自觉性，不易被转移注意力，是 3 岁孩子成长中出现的宝贵资源。这种能力的出现使他们沉浸在自己喜欢的事情里，比如专注地看书、安静地听故事，很长时间地玩玩具、做游戏，能够将感兴趣的事情坚持到底。如果父母能够因势利导，就会为他们的成长带来很大的益处。但该阶段出现的自觉性只是初期的，要如何发展为真正的毅力，使孩子做事具有稳定的控制能力，拒绝外部干扰和诱惑，还需要进一步的发展和巩固，一般到了 5 ～ 6 岁才能趋于稳定。

Tips

做事开始有自觉性，不易被转移注意力，是 3 岁孩子成长中出现的宝贵资源。如果父母能够因势利导，就会为他们的成长带来很大的益处。

内心最纠结的一年：情绪易变

情绪内容日益丰富

　　3 岁的孩子一眼就能看透，他的情绪总是写在脸上，表现在行动上，并没有掩饰真实感受的能力。3 岁孩子开始出现较为丰富复杂的情绪感受，比较情绪化，会走极端，有时会表现出进攻性、自私、不耐烦、骄傲、霸道、武断等负面情绪。例如，当他们看到自己的生日礼物时神采飞扬，这就是一种喜悦的情绪；当他们能成功地完成一项较困难的工作时，就会表现出骄傲的情绪；当他们干了父母不允许的事情，或做了错事的时候，就会明显地流露出羞愧和难过的表情；当他们被父母责备时，脸上会浮现出内疚的神情……

能说出自己的情绪

随着语言能力的提高，3 岁孩子会更多地使用语言来表达自己的情绪。他们会用语言表露自己的开心和兴奋等积极情绪，也会把自己受到伤害和威胁的感觉用语言表达出来，从而缓解自己的紧张情绪。3 岁孩子使用语言来表示拒绝等负面情绪的次数要多于使用肢体动作，他们不再是像 2～3 岁时那样，用激烈的身体语言（如拍打、撞击、攻击性行为）和情绪发泄（大哭大叫）进行表达。例如，当他们不愿意吃饭或做一件事的时候，他们会用语言说出来，而不是用吐饭、扔东西、哭闹等方式表达。但由于语言表达和解决问题的能力还很有限，当事情发展不顺利的时候，他们还是无法很好地控制自己的情绪，喜欢闹情绪、发脾气，情绪变化不可预测，容易因周围环境和情景的变化而变化。

情绪的自我控制能力较弱

3 岁孩子的情绪说来就来，说走就走。情绪的"大悲"和"大喜"不断相互转换，让他们的生活充满了哭哭笑笑。他们变起脸来很快，不太懂得控制自己的兴奋度。如太兴奋时就会大喊大叫，笑得不能停止，伤心的时候就会哭闹不停，不依不饶。看见或听到害怕的东西时，他们的小脸就会马上充满恐慌和不安，紧紧地依靠在父母身边。有负面情绪或坏脾气时，他们很难能听从成人的哄劝，很难较快地平静下来。

有个 3 岁孩子周末跟父母逛商场买东西，看上了一套积木玩具，想让爸爸妈妈给他买，可是爸爸妈妈不同意。他就马上急得直跺脚，妈妈哄他他不听，爸爸一吓唬他，他便躺在地上大哭起来。

以上例子反映了 3 岁孩子自我意识发展的一个重要方面——自我控制能力。自我控制能力是指一个人为了完成一定的活动目标，能够适当地调节自己的情绪、行为，以及表达方式的能力。从 3 岁开始，孩子的自我控制能力逐渐发展起来，但大多数时候还是需要成年人的帮助。安全放松的关系和环境，跟父母之间有安全依恋关系，对这个阶段孩子的情绪发展至关重要。

温馨贴士

　　幼儿早期的自我控制要经历较长的发展阶段。从出生到 3 岁，幼儿还没有能力控制自己的情绪和行为，需要父母及外部环境的帮助。2 岁至 3 岁，使用语言代替动作来表达需求，是该阶段孩子自我控制发展的主要特征。他们不仅学着用"说"来表达自己的意愿，也学着用"说"来指导自己的行为。如端水杯时，他们会边做动作便说"要小心，不要洒出来"。到了 3 岁，孩子对"等待""轮流"等概念有了一定的理解，也具有了一定的预见水平，如他们在排队等待玩玩具时，可以表现出一定的耐心。这是孩子自我控制能力发展的重要时期，为了达到一定的短期目标，他们开始有意识地控制自己的行为。

易产生焦虑情绪：情感依恋

小动作多是因为内心焦虑

　　一个 3 岁的孩子说："妈妈，我不想长大，因为等我长大了，你就老了。我不愿意你老！"透过他天真又惶惑的眼神，你大感吃惊，难道 3 岁的孩子已经有了心事和忧愁？的确，3 ～ 4 岁是一个极其特殊的年龄阶段，他们有小鸟长硬羽翼，在巢穴前欲飞又止的恐慌，也会有想要走向独立却不够自信的进进退退，成长的分离使得他们的内心格外焦虑与惶恐。所以 3 岁的孩子总是会试探地问妈妈："就算我长大了，是不是还是你的小宝宝？"

孩子这份强烈的分离焦虑与情绪波动，像暗中涌动的潮流，深深困扰着他的生活。如果太多的焦虑得不到释放而积压起来，要么通过一次火山式的爆发得以释放，要么转变成一个个小动作宣泄出来。比如，他感到紧张时，就会不住地咬衣领、袖口，或揪衣角，过度焦虑时，还会出现不断眨眼睛，语速加快，或者说话结巴，甚至借助摩擦生殖器来释放情绪。

3 岁孩子会突然出现许多不雅观的动作，如咬指甲、挖鼻孔、抓耳朵、揉眼睛，有的孩子还会趴在床上不停地摩擦生殖器，还有的孩子会出现说话口吃的情况。很多家长或老师会条件反射地提醒并阻止他们，有些人即使知道这是孩子情绪焦虑的身体信号，但还是止不住想去消除这些行为。

对于 3 岁的孩子，父母要刻意引导他们学会用语言而非动作来表达强烈的情绪，这一点非常重要。如果能够在适当的时机教会孩子掌握一些表达情绪感受的词语和句子，就再好不过了！

Tips

当孩子突然出现一些小动作时，父母要警惕孩子可能因某些事产生了焦虑情绪。要注意识别并帮助孩子缓解焦虑情绪，而不要只是简单粗暴地制止孩子的小动作。

对妈妈有强烈的依恋

　　3 岁孩子做很多事情都强烈要求独立，希望能够自己说了算，但在情感上，他们却更加舍不得离开妈妈。举例来说，以前他可以自己进卫生间、厨房，或某个很熟悉的地方，但现在他却要拽着妈妈，要求"妈妈陪我走"。尤其在 3 岁面临初次进入幼儿园的第一个分离期，他们对妈妈的情感依恋尤为突出。很多孩子不能接受与妈妈分离的现实，会表现出大哭、拉着妈妈的手不放、要妈妈和自己一起进教室等等情状，他们总是希望能够在妈妈身旁。当妈妈回来时，他们会立即寻求与妈妈的亲近与安抚，希望永远都不要和妈妈分开，这是因为过度依恋而产生的"入园分离焦虑"。

　　孩子因惧怕分离而产生的焦虑，是一种正常的情绪反应，代表着其情感的成长成熟。作为妈妈，让孩子把对自己身体上的依恋转变为精神的依恋，是件非常重要的事情。要充分认识到孩子内心对安全感的强烈需求，一方面在孩子最需要的时候能耐心地陪伴在他身边，另一方面要多鼓励孩子走出家门，与更多的新朋友建立关系，也可以较早地带孩子先熟悉幼儿园的环境，还可以同意孩子带上家里他最喜欢的依恋物去幼儿园，从而缓解他对陌生环境的恐惧。

对爸爸的爱是在寻求安全感

很多孩子在这个时候也开始越来越在意爸爸，喜欢和爸爸玩。在 3 岁孩子心目中，爸爸总是那个在关键时刻出现的强大有力的形象，正如绘本《我爸爸》第一页里描述的那样："我爸爸很厉害，如果大灰狼进了我们家，我爸爸会把它赶跑。"也正如漫画家 Snezhana Soosh 所画的那样：在 3 岁孩子心里，爸爸能时刻保护自己不被可怕势力伤害，不被床下的怪兽抢走；爸爸总能挑战一些不可能的事情；和爸爸在一起，感觉是登上了顶峰；心情不好的时候，爸爸常常可以逗孩子开心；而且爸爸也是大魔法师，可以变出多彩的世界……

如果爸爸能够专门安排时间与孩子相处，对于缓解孩子的焦虑情绪，尤其是缓解孩子过度的"恋母情结"会有极大的好处。另外，爸爸独有的男性气质，及跟孩子玩耍时给予孩子的信任感、力量感和自由度，是妈妈所不能给予的。爸爸在孩子的养育过程中扮演着妈妈无法取代的角色，而在现实中，多数爸爸在孩子的养育过程中是缺席的。这样不利于孩子个性品质的形成、智力的发展和性别角色的认同。对于女孩来说，爸爸可以给予她安全感；对于男孩来说，爸爸则还是他重要的男性榜样。

渴望规则的"顺毛驴儿"：个人安全感

喜欢和大人对着干

3 岁孩子总是喜欢对着干，是头把妈妈气得牙根痒痒的小倔驴：让他洗澡，他偏偏不要；让他安静地坐着吃饭，他非要满屋子乱跑；让他向遇见的熟人问好，他故意将头转向另一方……他们已经出现了较多的自我意识和自我主张，并尝试通过许多试探性行为来获取自己活动的能力范围和控制程度，因此"反抗行为"会越来越多。

事实上，这些不听话的小倔驴只是在用一种变相的方式来试探你的底线和边界。他的各种反抗行为只是在试探，"如果我这样，你会怎么样？"如果我吵着晚上睡觉前不洗澡，而你妥协的话，那规矩就是：洗澡不是每天晚上睡觉前的规定动作。如果我在吃饭时满屋子乱跑，而你并没有强硬地拽回我，并严厉告知我必须安静地就餐，不许乱跑，那我得出你的底线就是：安静就餐不是我们家的规矩要求。如果我在你视线之外很远的地方停留或玩耍，而你在找到我之后并没有规定我必须在什么范围活动的话，我就会知道，以后活动的边界就可以超出你的视线范围……

外表叛逆，内心渴望规则

3 岁的孩子虽然喜欢在生活中处处抗拒你的命令，挑战你的权威，但是在内心，他们比任何时候都渴望你给出界限规定和底线。你可以平视他们试探的双眼，然后冷静地说："我们的规矩是……"，或者"我的要求是……"，或者"你可以自己跑，但最远不能超过……"，或者"我知道你还不想结束，但最多我再给你 5 分钟的时间"等等。规则描述了你所期望的行为和结果，越是清晰和坚定的要求和规定，越能够使孩子明确自己活动的范围和时间长度，这样他们就能够获取一种安全的范围。正如一位育儿师所说的："规矩是必须设立的。儿童需要从父母那里得到爱的保证。如果不设立限制，他们就无法感受到爱，并且会向其他地方寻找。儿童必须知道什么是被允许的，什么是被禁止的，只有建立了个人安全感，自信心才会随之而来。"

Tips

建立规则才是对孩子的爱，一味的放纵和无底线的溺爱不仅不利于孩子安全感的获得，还会让孩子失去被爱的感觉。

或者也会伤心地跟你诉苦"XXX 不是我的好朋友了""我不要和 XX 做好朋友"。朋友的世界带给他们更丰富的情感体验，所以这个时期的孩子非常在意谁和自己玩，谁不和自己玩，也非常在意谁是自己的好朋友，谁不是自己的好朋友，并为此产生了很多的快乐和烦恼。

听起来"朋友"二字在 3 岁孩子心里重如泰山，但事实上，对于初次踏入"社交圈"的他们，"朋友"的重要含义不过是能"共同活动的人"，即能够玩到一块儿的人。在 3 岁孩子眼里，朋友就是喜欢他们、能跟他们一起玩相同游戏的人，甚至刚刚认识的玩伴也被叫做"好朋友"。严格来说这个阶段的孩子并没有真正意义上的"好朋友"，也不大可能建立稳固不变的友谊，他们的朋友关系处于较模糊的阶段，交往具有随机性和情境性的特点。

喜欢朋友，但不会"交"朋友

3 岁孩子结交朋友的动机简单且直白，如果你问他，"为什么喜欢和 XX 玩？"他会很真诚地说："因为我喜欢他"或"因为他有很多玩具"。因此，在一群孩子中，我们注意到，那些手里带有玩具的或是会发现和发明"新玩法"的孩子，通常很容易成为大家的"明星朋友"。

当然，他们在玩耍过程中难免会发生很多冲突和矛盾。冲突的原因通常也比较简单，不是"XX 不给我玩具""XX 抢我的玩具""XX 弄坏了我的玩具"，就是"XX 打我""XX 不和我玩""XX 不听我的话"等。但 3 岁孩子闹矛盾一般都是速战速决，冲突持续的时间比较短，而且他们个个都有"相逢一笑泯恩仇"的胸襟，转眼又会抱成一团嘻嘻哈哈地玩。

同伴间的平等交往对 3 岁儿童的社会能力发展意义重大。即使是孩子之间充满敌意的交流，也有其相应价值。它帮助儿童发展在同伴交流中的社会性认知，并在冲突中培养解决社会冲突的技巧，为帮助他日后能融入更大的群体和集体生活做好准备。父母要多创造机会带孩子走出家门，去多交一些朋友。

知识拓展

皮亚杰研究了学前幼儿在社会交往和价值判断中所呈现的自我中心的特点。他观察到，年幼的孩子在一起玩弹子游戏时，他们虽然是混在一起玩耍，但各自只是按照自己的想象去执行游戏规则。各自玩各自的游戏，毫不理会对方。而且会不顾规则的约定，会突然说自己赢了。皮亚杰认为，这是因为这个时期的孩子还没有产生真正的社会交往和社会合作关系，他们还无法完全把自己的事和别人的事区别开来，道德认知总体还带有"自我中心"的印记。

能推测他人心理变化来调节自己的行为

更多的时候，3 岁孩子推测父母的心理变化，是为给自己的行为掩饰过关。这说明在与人交往的过程中，他们能在探索他人内心和情绪的基础上，调节自己的行为以达到目标。一个 3 岁的孩子在打闹中打碎了花瓶，他推测到妈妈肯定要发火。为了打消妈妈惩罚他的念头，他用心地编造各种借口，让妈妈相信，他是无意打碎花瓶的。为此，他编出许多让人意想不到的理由，比如，"妈妈，我是害怕太空星球碰到花瓶，会引发星球爆炸！""我只是想看看花瓶里的那只大怪物还在不在。"

绘本《大卫惹麻烦》里有这样一幅场景：老师要检查大卫的家庭作业，大卫睁大眼睛说："老师，我的作业被小狗吃掉了！"听上去这明显是小孩子睁眼说瞎话的借口，但是从他的神情看，他相信自己没有说谎，因为在他的头脑中，老师的确也能顺着他的话看到，窗外有只小狗正在津津有味地吃着他的作业。他这样说，完全是为了减少老师的怒气，但至少说明，在他心里，是能够考虑到他人情绪的。

温馨贴士

对于 3 岁孩子"不说实话"或"撒谎"的行为，很多父母觉得很头疼。事实上，这是孩子成长过程中的正常现象，反映了幼儿心理理论的发展。"心理理论"是指孩子能够意识到别人的观点、态度与自己的有可能不一样，在此基础上对自己和他人的心理状态做出的理解和推测。例如具有心理理论的孩子能够根据别人的表情、动作、语气来推测别人开心还是生气，并由此做出判断和回应。孩子的欺骗和假装行为正是反映了他们的心理理论水平，对于 3 岁孩子而言，欺骗和撒谎行为都是需要智慧的，父母不必太大惊小怪。

屡教不改的小暴君：社交规则与技巧

攻击性行为是社交的一部分

3 岁的孩子分享行为开始萌芽，但此时孩子的认知水平还很低，自我中心主义还占主导地位，在与同伴玩耍的过程中，当遇到玩具紧缺，

Tips

玩耍过程中的冲突是这个年龄段孩子的正常现象，也是他们练习社会认知、建立友谊的重要方式。有些父母会觉得自己的孩子被别的小朋友欺负了，就再不让孩子和对方一起玩。这是不可取的，因为在 3 岁孩子的心里并没有"欺负"的概念，肢体冲突只是他们遇到矛盾时本能的反应。

或别人抢了自己的好东西等情况时，都会本能地通过互相攻击的方式，如打、咬、踢人来解决冲突，达到目的。这个阶段的孩子似乎是真正意义上的"不打不相识""越打越亲热"，他们在一次次的矛盾冲突中，不断练习社会认知，建立友谊。总体而言，这个阶段的孩子在遇到矛盾冲突时，肢体冲突是解决问题的主要方式，并且屡教不改。

比如，一位妈妈在处理自己孩子对另一个孩子的攻击性行为时，耐心开导他：

"宝贝，如果有人那样对你，你会有什么感觉？"

"我会生气。"

"那咱们下次也不能那样对待别人，好吗？"

"好的，妈妈。"他睁大眼睛认真听妈妈的话，并使劲点头，表示接受和同意。

可是，当相同的情景再出现时，他又变成了用暴力解决问题的小暴君，早把妈妈的劝告抛到了九霄云外。为什么呢？因为这个阶段孩子的社会性还处于人类文明的"蛮荒时代"，文明的规则还未萌芽，语言的协商正在建立，身体是解决问题最重要和最直接的工具。

男孩、女孩解决冲突的方式不同

另外，有关攻击性性别差异的研究显示，2 岁半之前，儿童的攻击性行为没有明显的性别差异，直到 3 岁左右，攻击性的性别差异才变得明显。男孩和女孩经常以不同的方式表达他们的敌意，男孩更可能以身体对抗和直接的肢体冲突为主，而女孩更可能以言语对抗为主。两个男孩子经常会为了抢一件玩具或争夺一个地方互相打斗起来。相反，女孩子的攻击方式更多不表现在肢体上，而是通过言语和关系攻击的方式，如大声喊出对别人的厌恶，或直接拒绝接纳对方，把她排除在自己的朋友之外。

外部环境及社会影响是引导男孩、女孩向不同方向发展的重要原因。其中最重要的一点是，3 岁开始，父母更加注重孩子的性别特征培养。例如，3 岁男孩的打打闹闹，很多被认为是友情的表示，但如果是女孩的打闹，则被说成是攻击性行为。因此，3 岁男孩的礼物玩具大多数是枪、坦克、导弹和许多象征破坏性的东西。

喜欢"假装"游戏：游戏中的社会化

喜欢装扮不同的角色

晚上洗完澡后，一个 3 岁的小男孩搬出玩具在客厅里玩起来。他一边把玩具超人放在一辆大卡车上，一边大喊着："我是超人！我要变成比你大的卡车，超人大变身！"过了一会，他又把超人摆在超级飞侠的上面，叫道："超人和超级飞侠，执行命令，启动，启动，全部启动。"他一个人边喊边玩，像是一部动作片的导演，又像是配音演员。

这样的情景在 3 岁孩子中普遍存在，尤其在幼儿园里，小班的孩子几乎个个都爱玩"娃娃家"，"我要当爸爸""我要当妈妈""我来当厨师"……孩子们争先恐后地要在娃娃家里扮演生活中的角色，体验不同角色的感受。"假扮"和"想象"糅合在一起，构成了他们对现实生活的各种演练。

3 岁孩子喜欢扮演一些互补性的想象角色或"假装"角色，女孩喜欢装扮妈妈、巴拉巴拉小魔仙、小公主等，男孩热衷于扮演超人、大侠、武士、警察等。

通过假装游戏练习社交技能

假装游戏能够帮助 3 岁孩子与他们的社会伙伴互相理解，也可以增强他们的交往技巧和能力。当孩子在假装游戏中就谁来扮演什么角色、游戏中应该遵循什么样的游戏规则而进行协商时，想象游戏就会为孩子提供分工、合作、协商、让步等社会交往的学习机会，这对于今天封闭在公寓楼里的孩子十分宝贵。

此外，假装游戏可以代表孩子内心的想法和感受，他们喜欢在假想的游戏中寄托自己对外部世界的兴趣和目的。正如陈鹤琴说的，"孩子到了三四岁的时候，他的游戏动作比以前还要繁多，而他的游戏方法也与从前不同了。从前他只能把椅子推来推去，现在他要把椅子抬来抬去，当花轿了；从前他只能把棒头敲敲作声以取乐，现在他要背着当枪放了"。

假装游戏也可以在模拟的情境中进行，帮助孩子表达他们的想法，锻炼他们与人沟通的能力，释放出他们内心的一些情绪和感受，给他们机会来理解自己和他人的情绪，从同伴关系中获得社会支持，发展初步的信任感和情感亲密度。所以，通常是那些精通于假装游戏的孩子会有更多的朋友，社会性发展也相对较好。

父母随笔

第二部分
做智慧的"3岁"父母

3岁是孩子身心发生较大变化的一年，也是孩子精神成长的重大转折期。我们父母最需要做的是转变角色，把孩子对父母更多的物质依赖转变成精神依托，从无条件满足孩子的"万能父母"，转变为辅助孩子独立成长的"情感导师"。

　　做有爱的父母，让孩子享有放松的爱；做懂规律的父母，按照3岁孩子的心理特征给予适宜的教养；做有趣的父母，让游戏成为有效的育儿途径。

孩子3岁了，你准备好了吗？

做3岁孩子的父母，是一件不容易的事情！作为孩子的第一任老师，父母不仅要懂孩子，还要具备做"好父母"的资格。教育家陈鹤琴说："栽花要有栽花的学识技能，花才能栽得好；育蚕要有育蚕的学识技能，蚕才能育得好。"现在，生命将一个珍贵的3岁孩子交给你，作为他们的父母，你准备好了吗？

恭喜你，陪孩子步入新阶段

如果你是妈妈，恭喜你！陪孩子来到3岁，在育儿方面你已自成专家，拥有了巨大的自豪感——毕竟孩子已经3岁了，他在各个方面获得了惊人的进步。经过3年如大海航行般的日日夜夜，此时的你也如蛹破茧，逐渐熟悉了你的孩子，了解了他的脾气秉性，摸索出了很多与孩子相处的技巧，为人父母的人生航线到达了另一处崭新的地界。

如果你是爸爸，同样恭喜你！在孩子 3 岁之前，你是否一直都没能找到身为"爸爸"的存在感？那颗最初从你身体里游出的"小蝌蚪"，更多时候是妈妈"直接的孩子"，对你而言只是个"间接的孩子"。但是现在，我们要高兴地告诉你，在 3 岁生日过后的某一天，你的孩子会突然对你感兴趣，他会要求你陪他玩，也会期待坐在你的膝盖上听你讲故事。在惊呼着他怎么突然长大了的喜悦中，你需要扮演一个真正的"父亲"的角色。也就是说，陪孩子过完 3 岁生日后，爸爸，你的时代到来了！

做父母累并快乐着

回想为人父母的这 3 年，漫长却又似一夜之间。陪伴一个新生幼儿成长，是件多么艰难的事情，就像乘上了一列没有尽头的过山车，时而风平浪静，时而暴风骤雨，还要处处提防雷区，摸黑前进，避免引发爆炸。这几年，对于你来说，生活太不容易了。

当了 3 年的人父人母，"父母"二字，对你而言，到底意味着什么？它不是西方圣母画里怀抱婴儿满脸慈容的妈妈，也不是电视广告里穿着白衬衫给孩子挑选感冒药的从容的爸爸。现实生活中的你是忙碌的，孩子吃喝拉撒睡的各种细节容不得你穿戴整齐坐在那里满面慈容；更多时候，你是焦虑的，孩子感冒发热、拉肚子、起湿疹，任何一点不正常，都会让你变成热锅上的蚂蚁，寝食难安。

　　小小的孩子带给我们无尽喜悦，但要给他们当好父母，的确是难得很！这些不通人情的小家伙，根本不在乎你学历的高低、条件的优劣、身体的强弱、情绪的好坏，甚至根本不会在乎你是否也是个人——也需要充足的睡眠、个人的空间和兴趣爱好。全世界里，他只在乎他自己，在乎你是否会一直守在他身边、哄他、抱他、喂他、爱他，并满足他所有的欲望和需求。你，作为他的父母，或叫"保姆""伙计"，要付出却不能有任何怨言。

　　无数个时刻里，你期盼着他快快长大，希望像人们所说的"等到3岁就好了"。今天，这一刻终于到来了！你感到身上的担子轻松了许多吗？

　　当生命与3岁的孩子相遇，也许你早已忘记了之前的日子多么辛苦，如今感受更多的是孩子成长带来的惊喜和感动。记忆中的小脚丫，已是活蹦乱跳，无所不能了；肉嘟嘟的小嘴巴，也开始能说会道，讨人欢心了。你觉得这一切都是上天回馈给你前三年的报偿，多么辛苦都值得。

做与孩子同步成长的父母

　　接下来这一年，孩子将带给你更多未知的惊喜和更多生命的感动。他会长得更高、跑得更快，不再缠着你时刻陪伴；他会自己干很多事情，不用你给添衣喂食，而是会亲力亲为；他会有许多自己的主意，不再听你的摆布；最重要的是，他马上就要上幼儿园了，新的世界将向他敞开，你不再是他生命的全部。

即使这样，这个刚满 3 岁的孩子，还是离不开你，甚至比之前的任何时候都需要你。他在物质生活上渐渐远离了你，但在精神世界里会更加依恋你，他对世界会越来越好奇，有无数的为什么需要你耐心回答。日常生活中，他会情绪多变，叛逆不听话，甚至专门和你对着干。所有一切的变化昭示着，作为父母，你得紧紧跟随孩子成长的脚步，要逐渐地从物质生活上的照料，转向对精神生活、情绪情感的引导，做与他们同步成长的父母。

你是怎样的父母？

在讨论"如何给 3 岁孩子做父母"之前，让我们先来看看你是怎样的父母。从孩子出生那天起，你与他就天然地组成了一条双轨火车道，一直跑到现在。要推动火车远行，仅仅懂得一条轨道的运行规律是远远不够的。你不但要懂得 3 岁孩子的身心发展规律，而且要深刻反思这个阶段自身的人生状态。有时候，与其说是给 3 岁的孩子做父母难，不如说是在做父母的同时做一个更好的自己更难。除了读懂孩子外，你还需读懂自己，这样才能让养育变成一个"育人"又"育己"的美好过程。

现在，我们希望你给自己画张"父母肖像"，来帮助你更好地认识自己是怎样的父母。请你跟随我们的问题，在每一项特点描述中选择最适合你的描述。其中每个问题会有程度依次递增的5个等级，"1"代表最肯定的选项，如在"当遇到孩子不听话、闹脾气、大声哭闹或摔东西时，你的反应是冷静耐心地制止，还是大吼大叫，难以冷静？"问题中，"1"代表总是冷静耐心；"2"代表比较冷静有耐心；"3"代表在冷静和难以冷静之间；"4"代表多数时候不能冷静，大吼大叫；"5"代表总是大吼大叫，难以冷静。其他问题类似。通过对这些信息综合分析，让我们来看看你基本属于哪种反应类型的父母。

表1：　情绪能力分析表

问题维度	问题描述	1	2	3	4	5
情感强度	● 当遇到孩子不听话、闹脾气、大声哭闹或摔东西时，你的反应是冷静耐心地制止，还是大吼大叫，难以冷静？					
情绪恢复能力	○ 当孩子的某种行为举动让你感到愤怒、焦虑或不安时，你能否很快从这种情绪中平静下来，还是难以平静下来？					

（续）

问题维度	问题描述	1	2	3	4	5
体能与精力	● 当孩子已经缠你很长时间，并要求你继续陪他的时候，你是急需独自安静休息一会儿，还是完全能够继续陪他到底？					
对新事物的接纳度	○ 你对新观点、新安排的活动、初次见到的人或地方的第一反应是完全接纳，还是完全拒绝？					
对变化的适应性	● 对养育孩子过程中发生的变化或突然改变的计划，你是能很快适应，还是难以适应？					
敏感性	○ 你对别人怎样看待和评论你、你的孩子、你的家庭是十分敏感，还是完全不敏感？					
注意力集中程度	● 你是否经常因为被其他事情打扰就会分神，而忘记原先计划好要做的事情？经常会，还是从来不会？					
生活规律性	○ 你在一日三餐、就寝、如厕、身体锻炼等方面，非常有规律，还是非常不规律？					

（续）

问题维度	问题描述	1	2	3	4	5
情绪状态	● 绝大多数时间，在孩子面前，你是快乐和积极的状态，还是非常消极沉闷的状态？					

注：本表是根据美国纽约大学医学中心的托马斯和蔡斯（A.Thomas & S. Chess）教授的"气质发展理论"编制而成。

这是根据《情绪发展能力测量表》编制的一张分析量表，现在请把你的各项得分加起来，看看你的得分情况。如果得分在 9 ～ 18 分之间，那就说明你属于乐观冷静型的父母，在养育孩子方面一般比较积极乐观、较有主见；如果得分在 19 ～ 28 分之间，说明你是处于"冷静型"和"情绪化"之间的父母，在养育孩子方面较沉着冷静，但偶尔也会受到外界环境的影响，情绪起伏不定；如果得分在 29 ～ 45 分之间，说明你基本属于情绪化的父母，在养育孩子方面比较不能控制自己的情绪，容易受外界环境及因素的影响。

在了解了自己是怎样的父母后，你可以把它作为一个参考，提醒自己在哪些方面具有育儿的潜力和优势，又会在哪些方面容易遇到麻烦。例如，如果你已经知道自己是一位具有较高的情感强度、不容易控制自己情绪的父母，在遇到孩子不听话、闹脾气、大声哭闹或摔东西的情况时，就要提醒自己注意保持冷静，或暂时离开现场，必要时要

Tips

了解自己的个性特征及情绪反应倾向，才能更好地应对亲子关系中的各种情况和变化，做出最有利于亲子关系发展的回应态度，做最令孩子和自己满意的父母。

像篮球教练使用暂停时间那样的方法，给自己一个缓冲和反思的机会，等到情绪平稳后再来处理孩子的问题。

面对这张父母自我画像，你从中看到了什么？我们知道幼年是人生最重要的阶段，一个人的习惯、思想、态度、情感都要在此阶段打下基础，基础打不牢，就不容易建立健全的人格。负责奠定这个基础的人正是父母。父母靠什么帮孩子奠定这个基础？不是别的，正是通过与孩子的互动、回应和交往。父母要怀有"育人先育己"的神圣使命感，在养育孩子的过程中，做到知己知彼，才能和孩子共同成长和进步。

3 岁是孩子成长的转折期，是孩子自我意识产生后的第一反抗期，但也是孩子情绪最为脆弱敏感的时期。他们会经常给你制造各种痛苦与麻烦，挑战你的底线。在正式进入这一战场之前，不妨先跟着我们做几场实战演练，看看你能做怎样的父母。

演练一：当 3 岁孩子挑战你的体能与精力

辛苦工作了一天，你已经筋疲力尽。追赶拥挤的地铁或公交，好不容易回到家门口，恰似沙漠里身负重担的一只骆驼。你进门前整理好所有的情绪，振作精神送给孩子重逢的欢喜。但欢乐总是不可控制的，3 岁的他见到你兴奋得不知该如何表达，大喊大叫，一会儿要求你讲故事，一会儿又要求你陪他玩玩具，要求你寸步不离守在身边，恨不得要把离别一日所有的亏欠在有限的几个小时内全部补偿回来。你实在是疲惫不堪，难以支撑了，在他发出第一声咆哮时，你背上的那最后一根稻草终于把你压倒：你精力消耗殆尽了，情绪骤降到了谷底。你终于开始暴露出了坏脾气，但孩子不理解这一点，他只要一个最爱他的爸爸或妈妈。

作为3岁孩子的父母，你比任何时候都需要有一副铁打的好身板。了解自己的体能特征及能量充电模式，并以此来计划和实施你的养育模式，对于能否做好父母意义重大。特别是对于许多白天要上班和应付很多工作事务的父母，了解自己属于哪种体能类型尤为重要。3岁孩子个个浑身充满能量，必须通过不断地运动才能归于安静。如果你知道自己是一位平常较为安静，在体能消耗后需要休息或安静独处才能恢复体能的父母，在陪伴孩子时就不要选择独自一人长时间消耗体能的活动，更要避免在自己精力不足的时候陪孩子玩耍。比如像上面场景中的这位父母，可以选择在回家前稍做一点安静的休息和体能恢复，尽量以充满电的能量状态面对孩子。但如果你恰好平时就很好动，外向又有活力，喜欢与人不断交流接触，是即使疲劳时也需要与人互动才能感觉良好的人，那恭喜你，对于精力充沛的3岁孩子，你就是他最好的玩伴和玩具，尽管独自一人陪他吧，你是他最默契的玩耍搭档！

演练二：当 3 岁孩子挑战你的情绪控制能力

珍贵的周末终于到了！你计划用一天的时间带孩子去动物园看长颈鹿。为了这一天的亲密活动，你已经暗自做了很多的准备：动物园的游览路线图、孩子的水杯、零食小吃、备用的衣服、雨伞、充满电的照相机，以及内心随时送出的微笑……但是临出门了，事情突然发生了转折：你那 3 岁的宝贝不知道哪根神经受到了刺激，突然闹起了脾气。他拒绝穿上衣服，就连刚穿好的鞋子也大哭着脱掉。你压着嗓子哄他，告诉他动物园的长颈鹿正在喊着他的名字等他，门口还有氢气球和动物小卡片。但他还是抗拒穿衣服出门。你火冒三丈，强行给他穿衣拽下楼，觉得他已经毁掉了你美好的出行计划。你觉得自己精心筹备的美好计划被孩子破坏了，所以一整天你都无精打采，觉得美中不足。尽管孩子后来到了动物园很快又变得活泼可爱，但也不能使你变糟的心情马上恢复。

作为父母，了解自己对生活中各种新情况、新变化的适应能力及情绪恢复能力非常重要。3 岁的孩子情绪多变，没有定性，经常会临时改变你计划好或设想的一切。面对他们随时制造的麻烦和问题，不同的父母会有不同的反应。有些人会很快接受孩子带来的新情况，随时尝试改换车道，驶向新的风景。但另一些人只认准一条车道，认为孩子中途破坏，一切就不完美了。很多时候，正是父母的情绪控制能力最终影响着事情会朝怎样的方向发展。因为孩子毕竟是孩子，他们无法控制自己，我们更难以改变他们。如果你已经知道自己属于适应新变化和情绪控制能力都不太强的父母，那最好平时多提醒自己，事先对事情发展变化有所预料，准备好其他的应急措施和方法，纵使千变万化，也能够牢牢地掌握住亲子关系的主动权。当然如果你是一位对各种变化适应能力很快，能够随时调节好情绪的父母，顺应3岁孩子的多变，应该不是一件难事。

演练三：当3岁孩子考验你对他的第一反应

你接了一个电话，挂上电话后，你发现3岁的女儿已经不在身边了。你走进卧室找她，发现屋子已经在片刻之间被她折腾得狼狈不堪，玩具扔得到处都是，饭粒菜渣洒满了地板，你的女儿正坐在一堆玩具当中，拿着勺子给洋娃娃喂饭，洋娃娃被弄得满身饭粒。看到眼前这一切，你被气疯了！遍地黏糊糊的饭粒，被弄脏的玩具，就这么一小会儿，你打扫整理的干净房间就变成了一团糟。你生气极了！你冲上去一把揪起正沉醉于给洋娃娃当妈妈的小女儿，夺过她手里的勺子，训斥她怎么把屋子弄成这样。孩子显然被你的举动吓坏了，哇哇大哭起来。

当你猝不及防地面对一些情况时，你的第一反应通常是怎样？是立刻按照自己本能的反应去做，还是会稍微冷静下来想想？正如上例中的妈妈，当看见孩子把房间弄得又脏又乱时，她的第一反应糟糕透了，采取了上前阻止和责骂孩子的行动。显然，她做出的反应和行动吓坏了孩子。但如果是第一反应比较平和冷静的父母，他们在同样的情境中，也许会静下来稍微思考一下，平缓一下自己的情绪，然后再采取行动。在育儿过程中，了解自己的第一反应模式，并恰当地进行调节和采取最好的回应方式，也是父母了解自己时需要注意的一个方面。

才 3 岁，就要开始管教了？

管教是一种负责任的爱

孩子长到 3 岁时，做父母的就要开始一点一滴地对孩子进行管教。3 岁之前，孩子发展的重心主要是安全感和依恋感的形成，父母只要单方面满足孩子的需求和愿望就可以。到了 3 岁，当孩子逐渐有了自我，开始以自己的意志行动时，育儿就开始逐渐变成"满足需求"和"正面管教"同时进行，父母要将自己的希望传递给孩子，把方方面面的生活规则告诉孩子。

管教是父母送给3岁孩子最负责任的爱。简单说，就是告诉孩子"要这样做""不能那样做"，就是引导和纠正。比如父母要耐心地告诉孩子不能用手抓饭吃，而要用勺子、筷子来吃；要把自己的玩具玩完后放回原来的地方，不能随地乱扔；在外面玩耍时，动别人的东西前要事先商量，不能随便拿走，更不能动手打人；过马路时要牵着大人的手，不能乱跑，等等。

3岁孩子都喜欢自己做事，但应该怎么做，则需要父母去教给他。例如，一个孩子想自己大小便，妈妈让他坐到马桶上或把他带到厕所，告诉他应该便在什么地方，便完之后要怎样擦屁股，擦完屁股后要怎样处理手纸，怎样处理大小便，以及怎样洗手。妈妈这样做只是在帮助孩子大小便吗？并不是这么简单。在这个过程中，妈妈把今后他如厕的所有规矩和细节都教给了他，如果他不会，下次妈妈还会这样教他。但如果不教，就像很多妈妈认为的，孩子3岁还太小，用不着这样做，等到他长大一点自然就会了。然而这样的话，孩子其实可能很久都学不会。他在幼儿园、在别人家做客、在公共场合都不会按规矩上厕所，即使他长大了，也不能很规矩地完成上厕所这件事，因为从小父母就没有告诉他正确的规矩。

规矩让 3 岁孩子更有安全感

你不用担心，3 岁孩子并不讨厌被你管教。而且正好相反，如果你能给予他们适度的管教，对他们而言，是一件很愉快的事情。因为孩子需要在你这里获得外面世界的规则，这是他们安全走出家门的通行证。一般到了 3 岁，孩子就开始热衷于探索自己与他人的关系，而在探索自己与他人关系的初期，他们首先是在家里要和父母建立交往关系，并把与父母的关系移植到与其他人的关系中去。作为孩子社交场的教练员和陪练对象，你有百分百的责任告诉孩子人与人之间交往的简单规则，例如"不能打人、不能骂人""见到熟人要问好""打断别人说话要先说对不起"，帮助孩子建立初步的交往规则，会让 3 岁的孩子十分受益。

规矩能让 3 岁的孩子获得更高的安全感。他们的依恋体验及安全感获得与之前是完全不同的。在孩子 0 ～ 3 岁的绝大多数时间里，他们的需求很简单，只是想要人抱要人背，有人能满足他们的温饱及被动的感情需求就足够了。到了 3 岁，孩子的世界开始向外扩张，探索的领域越来越广，父母需要把许多安全底线和边界告诉他们，例如"凡是对嘴的东西，就不能分享""不能随便跟着不认识的人走""不能吃陌生人的东西""在路上不要踩井盖""走丢了就要站在原地等"等等，这是 3 岁孩子能够领会的规矩，也是对他们的安全和未来负责任的界限。父母有责任，更有义务，把生活的规律、社会的规则、与人交往的规矩一点点地传递给孩子。这一时期，对那些具有基本信任感，即对自己和他人能力拥有充分信任的孩子，进行及时的管教和引导，是一件水到渠成又事半功倍的事情。

父母管教 3 岁孩子要怀着期待，不急不躁，要把希望孩子学会的东西耐心地告诉孩子。不管是用筷子吃饭，出门自己穿鞋，进门脱鞋换鞋，饭前要洗手，3 岁的孩子其实很希望能够自己的事自己做。但是，由于各种原因，他们不可能马上就记住，马上就学会，马上将这些"技巧"变成自己的能力和习惯。这个时候，父母只需要一遍遍教给孩子该怎么做，至于他们什么时候能够独自完成这些事情，并内化成自己的习惯，则由孩子自己决定。孩子还做不到的时候，你只需在一旁耐心地提示和协助，对于 3 岁的孩子，教他们做事就是"反复地教"并"不急躁地等待"，这样的管教才是理想的育儿方式。

调整对孩子爱的方式

3 岁是孩子身心发生较大变化的一年，也是孩子精神成长的重大转折期。父母最需要做的是转变角色，要把孩子对自己身体上、物质上的依托转变成精神上的依托，从无条件满足孩子的万能父母，转变为辅助孩子独立成长的情感导师。可以说，从孩子 3 岁开始，这种角色的转变将伴随你做父母很长一段时间。

但是这种角色转变对于现代父母来说并不是一件容易的事。在孩子 3 岁之前，父母给予他们的疼爱、满足，甚至溺爱多少都不为过，也不存在真正意义上的教养方式问题。3 岁才是考验和践行"父母"二字内涵与素质的真正开端——作为父母，你应该如何理解孩子的成长，如何理解亲子关系，如何给予孩子负责任与充满爱的教养。

没有一个人是天生会做父母的，也没有一个人敢保证是最懂得如何爱孩子的。尤其是我们现处的这个时代，要做个真正会爱孩子的好父母确实难得很。毫不夸张地说，没有哪个时代比我们当下育儿所面临的困难和烦恼多。急速变化着的外部环境、高节奏高强度的生活、各式各样教养孩子的主张和思想、对未来各种不确定性的恐慌和担忧……这些无不使我们对孩子的爱变得紧张、矛盾，甚至变得扭曲。外部的压力使我们自然而然地把社会附加的高压辐射到孩子身上，按照自己头脑中的预期来养育孩子。面对一个 3 岁的孩子，在正式开始自己的角色转变之前，父母必须先学习和懂得一些教养和爱孩子的基本原则。以下是最为关键的几条。

原则一：无条件接纳你的3岁孩子，要让孩子感到放松的爱

对于父母来说，能否完完全全认可和接受自己的孩子是个非常重要的问题。因为在3岁孩子心中，父母是他们生活中的重要依靠，是其他人不可替代的，你要把心和眼睛真正放在孩子身上，关注他们成长的每一个细节和变化。孩子越是被你全面接受，就越容易稳固安全感，真正走向独立。不管孩子是乖巧还是调皮，个头长得高于标准还是没有达标，运动技能发展得好还是略有迟缓，语言表达讨人欢喜还是笨嘴笨舌，你都不会因为这些条件来决定是不是更爱他们。要使3岁的孩子在你的目光里感受到"现在这样的我就是最好的"，因为爸爸妈妈喜欢我现在的样子，这对他们来说是件最放松的事。只有在放松状态下成长的孩子，才是最幸福的孩子。

原则二：按照3岁孩子的心理特征给予适当的教养方式和方法

父母对孩子的管教必须与孩子的年龄特征及心理特征相适应。不结合孩子的实际情况，单凭父母个人猜测和意愿教养孩子，达不到真正的教育效果。我国著名儿童教育专家陈鹤琴曾举过自己在教养孩子时的一个例子。

一鸣（孩子的名字）小的时候（一两岁），凡是他看见了肮脏的东

西，我总对他说："脏得很。"有时候我自己把脏东西拾掉，有时候叫他拾掉。到了后来（3 岁左右）凡是他看见地板上的脏东西如纸片、细棒等。我总叫他拾掉，告诉他说："客人看见了不好看。"或他有时候游戏之后，他把房间的椅凳弄得东倒西歪，把玩具满地乱摔，我就对他说："客人看见了，不好看；若客人问起谁把东西弄得这样难看，说一鸣弄的，一鸣就倒霉得很。"他听了之后就去把椅凳摆好，玩具藏好；有时候他玩得已经太疲倦了，我就帮助他把房间整理好。

陈鹤琴先生用自己育儿的例子，是为了提醒父母一条重要的原则：教养孩子最佳的方法不是从父母身上生出来的，而是从孩子身上寻出来的。正如他感悟到的："小孩子年幼的时候，没有什么客人的观念，也没有什么羞耻的思想，只是稍会有点儿肮脏与清洁的意思；所以我们就可以利用他的这点意思去教他爱护清洁，憎恶肮脏。等到他年纪稍大一点，知道羞耻的时候，我们不但可以利用他的清洁观念，也可以利用他的羞耻之心，以养成他清洁的习惯。年纪愈大，知识愈开，所用的教养方法也应依年龄知识而变迁才好。"同样的孩子，同样的事情，年龄不同，方法不同。父母给予孩子的教养应该是能被孩子接受和理解的方法。

原则三：不要过度干涉孩子最初的自主性

以埃里克森为代表的许多心理学家指出，从婴儿期结束到幼儿期的后半期，也就是从 3 岁左右开始，是培养孩子自主性的重要时期，也是最佳时期。自主性就是孩子想独立完成一件事情的动力和愿望，是完全发自孩子内心的一种冲动，而不是靠外部干涉和强制性管教而来的。

但现实中最糟糕的一件事就是，大人不相信 3 岁孩子的自主能力，总是喜欢用过度干涉和强制性管教来培养孩子。例如，孩子到了 3 岁开始喜欢和其他小伙伴一起玩，但时常会发生一些矛盾和冲突。其实这对于孩子的自主交往来说，是非常珍贵的社交实习阶段。但很多父母在孩子玩耍时，像直升机一样紧紧守在孩子身边，只要孩子一有矛盾，马上冲上去帮孩子平息解决，甚至代替孩子向对方家长道歉，硬生生地剥夺掉孩子自己解决问题和化解矛盾的机会，使其最初的社会性无法自主地发展起来。

父母过度干涉和一意孤行，甚至会让孩子产生无能感。有一位妈妈就是这样的，她按照自己的计划，想培养孩子定时如厕的好习惯。到了规定时间，她就把孩子抱到马桶上，命令他说："坐在这里，直到臭臭拉出来再下来。"孩子极不情愿地坐在马桶上，他对妈妈说："可是我的屁股里面还没有臭臭。"妈妈还是坚持自己的计划，她认为最初没有臭臭，坐一会就会拉出来，每天这样坚持，就会形成一种定时条件反射的如厕冲动，定时如厕的好习惯自然就养成了。但问题是，这是她的意愿，并不是孩子的意愿。因此，孩子坐在马桶上越坐越着急，越着急越拉不出来，最后只能大哭起来，甚至对坐马桶产生一种深深的内疚感和无能感，而这就是因为妈妈的过度干涉造成的。

原则四：游戏化的教养方法孩子更喜欢

父母要想使 3 岁的孩子听自己的话，并获得喜悦的体验，最好能用游戏化的方法去引导他。尤其在孩子闹脾气、和你对着干的时候，游戏化的化解方法更是打开障碍的一把万能钥匙。同样举陈鹤琴先生的例子，他在讨论游戏化的教育方法时讲到了自己和儿子一鸣的经历。一鸣 3 岁时，有一次他要一鸣把玩过的东西整理好放回原处，一鸣不肯，他就用了下面的方法：

后来我对一鸣说："我帮助你一同弄。"我就"嗨嗬""嗨嗬"地叫着，替他整理起来；他看见我已经替他整理好，也"嗨嗬""嗨嗬"地叫着，把书籍搬到他的书架上去了。

3 岁的孩子正处于"魔法思维"阶段，游戏是他们最喜爱的接受方式之一。做父母的如果能利用他们的这个年龄特点，使生活中的事情游戏化，以轻松快乐的方法去管教他，孩子不会不听从你的。例如，孩子最初要上幼儿园时，早上起床不肯穿衣服，父母最好用游戏化的方法诱导他穿，把穿衣服想象成孩子最喜欢的一种动作，并在语言上做出与动作相搭配的韵律。一位妈妈就是这样做的，对于早上赖着不自己穿衣服的孩子，她结合给孩子讲过的母鸡下蛋的故事，只是风趣地说了句："母鸡妈妈下蛋喽，最大的一颗出来了（孩子的头从衣服洞里钻出来），又圆又大真漂亮！还有两颗小鸡蛋，在那里，在那里（孩子的两只小手从袖筒里钻出来），三个鸡蛋全出来，谢谢鸡妈妈！"孩子在妈妈富有韵律的游戏中喜欢上了穿衣服，觉得很有趣。相比"快点穿衣服喽，不然上幼儿园要迟到了"，孩子更喜欢的还是带有游戏感的动作。

温馨贴士

　　高尔基说过，爱孩子，那是连母鸡也会做的事，而真正教育他们则是一件大事。3岁前的孩子虽生来有种种不同，但多数是相似的，不舒服就会哭，高兴了就会笑，见到好看的好玩的就想伸手拿。但到了3岁后，孩子的差别逐步明显起来，这除了先天不可变的遗传因素之外，多数原因就是父母的教育。如果父母能在这个关键的年龄段认识到自己的重要性，能够接纳孩子，按照孩子身心发展的规律及特点给予恰当的教育，用他们喜欢的、能够接受的方法诱导他们，并时刻提醒自己不要过度溺爱孩子，也不过度干涉孩子和强制性管制孩子，那就是给予孩子最大可能的爱，给予孩子超出"母鸡"本能的、真正具有"教育"意义的爱。

最需要提醒你的一点

最后，我们要和你谈谈给 3 岁孩子做父母的智慧。3 岁孩子既不像一二岁时那样任凭你的摆布，又不像四五岁或更大一些能够逐渐理解你的话，学会和你配合。对付 3 岁的孩子几乎要耗尽你所有的精力，而你还有很多其他事情要忙——要应付烦琐的日常事务、处理工作、要保证孩子的饮食身体健康安全、要照顾自己的父母、要参加一些育儿知识的学习、要维护自己的朋友圈……于是你总是把自己放在一切之后的之后。

尤其是做妈妈的，为了孩子和家庭事务，不得不牺牲掉自己的许多需求及兴趣，总是感到时间不够用：不再有时间去逛逛商场，买件好看的衣服；不再有心思琢磨最新的流行发型，头发任其自然；不再有闲情关注自己的身材健美，参加各类塑形课程；没有时间读一本自己喜欢的书，甚至身体不舒服了总是没有时间去医院……为了孩子，你逐渐地只做了"妈妈"，渐远了做"自己"。

事实上，照顾好自己才是照顾好孩子的基础。这个道理很简单，如果一个人不爱自己，怎么会知道如何爱别人呢？如果你不能好好照顾自己，就谈不上照顾别人，也不可能让自己以最好的状态面对育儿中一切事务，胜任做父母（尤其是妈妈）的角色。

现在请你设想一下，当你因为孩子的坏脾气心烦意乱的时候，该如何保持平静？当你觉得自己状态极差的时候，又怎能一心一意地关心孩子的真实需求？当你对自己越来越不满意，又怎能全心全意地对孩子满意？你是否想过要逃开这一切？

父母过于关注孩子的需求，以至于忘记了自己的存在。这是在许多父母身上体现出的无私的爱与忘我的付出。

温馨贴士

现在，孩子3岁了，你要重新开始关心自己。充分享受你当下的生活，花点时间做自己最喜欢做的事情，对自己足够好。孩子不会因为你追求自己喜欢的事情就会受冷落、受罪。相反，他们会因为看到一个真实的父母而备受感动。无论是常年在外忙碌的父亲，还是能够多花时间陪孩子的母亲，最重要的是让孩子看到你是一个充分享受人生的人。尤其是作为一名妈妈，首先应该过非常充实和快乐的生活，从而让孩子们知道：拥有这样的妈妈是幸福的。

温馨贴士

你可以花时间参加一些愉快的活动，不必老是担心什么事离开你就天下大乱；

你可以安排夫妻间定期的专门单独约会时间，享受一段浪漫的二人世界，而不必担心孩子会因此就受到冷落；

你可以坚持跑步或其他体育活动，保证自己时刻有饱满的精力；

你可以读读闲书，修养自己的内心，不要被其他事情打断；

你可以继续自己长期喜欢的画画、手工、修理、玩乐器等业余爱好，让孩子看到一个与平时不一样的父母；

你可以不定期地和闺蜜好友去逛逛街、谈谈心，把孩子托管在幼儿园或临时看护人那里，甚至借着工作的机会出个小差，调整一下自己的状态……

总之，你应该时刻明白"身为父母"的意义，它不仅仅要求你做孩子的父母，也要求你做为了完全展现自我而活着的人，深知在照顾孩子的同时还有其他推动生活的动力。孩子是看着你的背影长大的，也是要在你的影子里形成自己的另一个人，不管怎样，你需要首先照顾好自己，然后才能有效地养育孩子。这是做父母最大的智慧，也是我们对你最衷心的建议和祝福。

给 3 岁孩子关键期的关键帮助

面对心智未成熟但问题不断的 3 岁孩子，父母要根据孩子的身心发展规律认真给予回应，重新设计自己的父母角色，接纳自身的各种焦虑和不安，在照顾好自己的基础上愉快育儿，这种明智的判断力可以称为智慧的父母之爱。

根据 3 岁孩子的需求给予关键帮助

如何在孩子 3 岁的关键期，给予他们关键的帮助？如何在孩子出现的阶段性问题上，做好他们的情感教练？如何在社会、同伴、幼儿园等各种压力环境中，坚定自己的育儿方向，不做孩子成长道路上的绊脚石？这涉及为人父母的根本问题，即面对 3 岁的孩子，你应该坚守的父母职责是什么？你最应该掌握的阶段性的育儿要点有哪些？你可能会面临的阶段性育儿难点是什么，如何应对？你可能会陷入的育儿误区在哪里，你是否能成功避开？父母应明白 3 岁的孩子最需要什么，而给予他们这种放松和有耐心的心态，对3岁的孩子非常可贵。刚开始的时候，他不可能样样都能按照你所教的去做，也不会一两次就学会，父母要做好心理准备，要不断地教，还要耐心地等。不管是用筷子，穿衣服脱衣服，还是穿鞋子，孩子其实都希望能自己做，父母绝对不能心急，尤其关键的时刻，不是要你冲上去，而是要安心地退下来，这是给孩子自己做事机会的诀窍。

换个方式，孩子更喜欢做

游戏是3岁孩子最喜爱的接受方式之一，用游戏化的方法教孩子自己做事情效果最好，并且可以减少许多痛苦和麻烦。3岁的孩子正处于"魔法思维"阶段，认为一切都是有生命和有感觉的，包括他们看见的一切、听到的一切和生活中所接触的一切。父母如果能够寻找到本阶段孩子生命的这个"魔法按钮"，将会给自己养育孩子的生活带来非同凡响的改变，唤醒孩子内心深处那个听话的耳朵。

泰妈就是在得到这个"魔法"后，让自己和泰泰的生活处处充满童趣。她惊奇地发现仅用几句滑稽幽默的话，就能够让泰泰乖乖听话。例如，对早上最不情愿自己刷牙的泰泰，她结合给孩子讲过的《牙齿大街的新鲜事》里哈克和迪克的故事，每次都会像唱儿歌一样说："哈克、迪克，两个坏蛋，掏空牙齿，当作房子；牙齿警察，拿把刷子，刷刷、刷刷，赶跑哈克，嗨哟、嗨哟，吓走迪克。两个坏蛋都被泰泰吐出来了，哈哈，牙齿大街好干净。"泰泰在妈妈富有韵律的唱腔中喜欢上了刷牙，每次刷完牙都会到镜子前去看看自己的牙齿大街。相比"快点刷，不然蛀虫会把牙齿全吃掉，变成小黑洞"的说法，3岁的泰泰显然更喜欢这种带有幻想感和游戏感的说法。他听到"牙齿警察""哈克""迪克"等名字，就会触动起之前听故事的经验，于是就高高兴兴地"消灭它们"去了。

再比如泰泰最烦的穿鞋，以前泰妈几乎每天在临出门的那一瞬间，都会站在门外，急促地催着："快穿好鞋，马上要出发了！"现在，在慢慢摸索后，泰妈有了一个很好的"魔法"，就是和泰泰玩"把大象装冰箱"的游戏。每次，只要她蹲下来对正在穿鞋的泰泰说："把大象装冰箱，总共要几步？"泰泰就会明白游戏要开始了，马上说："三步！"泰妈马上说："第一步？""把冰箱门打开。"边说着，泰泰已经把鞋的粘粘贴拉开，像是打开了冰箱的门。"第二步？""把大象装进去。"泰泰马上把脚假装是大象塞进鞋子。"第三步？""把冰箱门关上。"泰泰重新把鞋子的粘粘贴粘上。然后母子俩就高高兴兴地出门了。

最重要的是"做"，并非"做好"

好几次泰妈去幼儿园接泰泰时，都发现泰泰的奇怪穿着：有时候是穿反的鞋子，像是拧着脚走路；有时候是穿反的裤子，屁兜在前面，拉头在后面；有时候是晚上回家脱了鞋看到他自己穿的袜子，脚后跟儿要么被拧在脚面，要么被拧到旁边……但这又会影响什么呢？至少说明这是他自己穿的。妈妈反而在心里庆幸孩子的成长。

对于刚刚练习生活自理的3岁孩子来说，最重要的是能做，愿意去做，并非要做得完美。所以，父母在鼓励孩子自己做事的时候，一定要降低对孩子自己做事的高期待。要坚信，每个孩子都有天生的积极性，就算你不管他，孩子也会想把一切事情做好。正如一位爸爸，看到孩子艰难地用筷子将豆芽夹到自己碗里，不小心把豆芽都落在餐桌上时，笑着说的那样："我想他已经把所有的力量都用到了那两根木棍上了，多练习几次，就能成功了。"

如果没有特殊情况，父母只需要抱着一种"孩子现在能做成这样就已经是尽最大努力"的态度，在一边静静守候就可以了。教3岁孩子做事，最重要的一点就是要有耐心，反复去教，反复鼓励，不要用成人的标准打击孩子最初学做事的积极性。成人在这方面甘愿做"标准的矮子"，那孩子一定会成为"行动的巨人"。

3岁的孩子喜欢父母的规矩

孩子长到3岁，要不要开始给他们立规矩？身为3岁孩子父母的你也许和许多人的想法一样，觉得孩子太小，还没有到真正懂事的年龄，立规矩对他们来说犹如对牛弹琴，为时过早。事实上，3岁是父母给孩子立规矩的关键期。3岁的孩子已不同于之前的年龄状态，他们的世界开始向外扩张，喜欢尝试用自己的意志行动，喜欢探测活动范围的界限与底线。父母有责任，更有义务，在这个时候把一些规则和规矩一点点地传递给孩子。

但是要给3岁的孩子立规矩却是极有难度的。他们的情绪瞬息万变，说好的事情说变就变，而且对于外部世界的规则，他们正处于混乱的观察期和矛盾期。很多孩子在家里很有规矩，一旦到了外面，就会觉得无所适从，没了规矩。例如在超市、公园或商场，父母要是不告诉孩子怎么做才算对，那他们必定会以身试法，通过"冲突性事件"来思考心中的巨大疑问：在这个新的地方，我究竟要怎样做，才能符合妈妈（爸爸）对我的要求？父母越是不愿意、不会给孩子立规矩，育儿过程中遇到的波折和麻烦事就越多，孩子遭受的痛苦也就越多。

看看以下这种情景：

妈妈要去超市购物，泰泰大闹，要一同前往。妈妈告诉他，在超市里要乖乖听话，才能带上他。泰泰使劲点头，说一定会听妈妈的话。到超市后，一眨眼的工夫，他就开始到处乱跑。妈妈只顾着买东西，眨眼间发现泰泰不见了。她扔下购物车，在货物架之间慌乱地来回找寻，大声地叫着泰泰的名字。泰泰没有回答，妈妈转了好几圈终于找到了他，只见他正拿着一盒口香糖在手里摇来摇去。

"妈妈，我要买这个。"

"不行。"妈妈一口拒绝，说着一把抓过孩子手里的盒子放回货架。

泰泰还没发觉妈妈的怒气，一心只想着要口香糖，"我要这个盒子。"说着又将盒子拿下来。

妈妈又一把把盒子抓回去，大声问他："我今天怎么给你说的，是不是要你到超市要乖乖听话，不能到处乱跑？"说着就拽他去刚才购物车的地方。

泰泰没能要到口香糖，还被妈妈硬拽回来，就开始闹脾气，他大声地哭喊着："为什么不给我买，我就要那个盒子里的糖。"

妈妈没有理他，继续买东西。泰泰见妈妈不理自己，就开始一屁股坐下来大哭。妈妈解释说，小孩子不能吃口香糖，但说什么他都听不进，只管躺在地上撒泼。

妈妈实在没办法，觉得这样哭下去实在不是办法，只好带他去拿了口香糖，抱怨说以后再也不会带他出来购物。之后，妈妈还是继续购物，这次她紧紧地把孩子抓在手里，生怕他又东跑西跑，要这要那。谁知在经过巧克力促销区的时候，矛盾又发生了：泰泰被一袋捆绑在巧克力盒子上的儿童拼插玩具深深吸引了，他站在那里不肯挪动，一定要妈妈买这个拼插玩具。

妈妈这次实在不想妥协了，她拽着孩子直奔收银台。但泰泰哪里肯罢休，他又一次大哭着躺在地上。周围的目光齐刷刷扫过来，看着这个站在一边无动于衷的妈妈，妈妈又气又尴尬，她俯下身告诉泰泰，刚才已经答应他买了口香糖，不能再买巧克力了。接着又说，这个玩具只是巧克力的赠品，可以去玩具店买更好的。孩子还是听不进去，妈妈终于爆发了，就威胁他说："再这样闹，下次就不带你来超市了。"显然，这种说法还是不起作用。

最后，妈妈只能软下来，又哄他说："如果现在听话起来，回家就让你多看一集《超级飞侠》。"

折腾半天后，妈妈终于平息了这场战争，等到拽着孩子出了超市，她已经是大汗淋漓，口干舌燥。一场超市购物之旅，就这样夹杂着妈妈的叹息抱怨和孩子未被满足的失落黯然落幕。

你可曾遇到过类似的闹心事？到底有没有办法让3岁的孩子在父母预期的场合表现得更听话，更懂事？答案当然是肯定的。孩子在任何场合的行为表现及应对结果，都与父母的态度和做法有很大关系。遗憾的是很多父母遭遇几次这样的经历后会有和泰妈一样的反应："再这样，以后就再也不会带你来了。"有了这种逃避心理的父母，就再也不带孩子去超市了，下次再去超市就找人在家陪着孩子，自己一个人去买东西。

但是从孩子的成长和发展看，这绝不是长久之计，不仅让孩子失去了与父母一起接触外部环境的机会，最关键的一点，是让孩子失去了在特定场合学习适当规矩的机会。因此，类似问题的关键不在于要不要带孩子去什么地方、做什么事情，而在于在特定的场合和既定的情境中，如何教给孩子正确的应对方式和规矩。上面例子中"泰妈"的做法虽然没有什么错误，但也存在许多需要改善的方面，现在就让我们和她一起来想想，如何定规矩，才能和3岁孩子开开心心逛超市？

父母对孩子的预期和规矩要合理

给3岁孩子定规矩，父母得提前有预期并做好准备。尤其是要带孩子去超市、公园、商场、餐厅或者要去别人家做客之前，先要想想孩子可能会出现的问题，并根据自己孩子的年龄和性格，提出切合实际的期望。

对于3岁的孩子，能够在一件事发生前清楚地知道你希望他怎么做，是一件有难度的事情。你要做好充分准备，首要一条就是对他们抱有的期望不能太高，一定要贴合他们的理解能力和接受能力。例如，3 岁孩子一次性接受并记住一个以上的信息是有困难的，他们每次只能遵守一条规矩，更大的孩子通常能遵守两三条规矩。针对 3 岁孩子的这一特征，父母每次针对一件事情，只说一条规矩。例如，去超市之前告诉他，到了超市只能选一样自己想要的东西，这是给孩子定出的一条规矩。

也就是说，一次给出两个或两个以上的规矩或要求，只会造成过多信息对 3 岁孩子的干扰，影响他们的理解能力。因此，父母在事先给他们讲规矩的时候，一定不要对孩子提超出他们年龄的要求，以及太多太复杂的要求，更不能一下子把我们头脑中所有的期望都说给孩子，传递给孩子内容又多又不清晰的信息，这对于我们立规矩适得其反。

说得简单具体，小家伙才会听你的

在表达上，要尽量用孩子能够听得懂的语言，不能有歧义，尤其不能用过于笼统的语言。上例中的"泰妈"在答应带孩子去超市购物前，给孩子提的要求是"在超市里要乖乖听话，才能带你去"，这是很多父母在现实生活常用到的一句话。"要乖乖听话，才能……""要表现得有礼貌，妈妈才会……"显然，这样定规矩过于笼统，乖乖听话的具体表现和要求是什么，孩子是全然不知的。父母要尽量明确地告诉孩子

在实际场景中，他很容易忘得一干二净。应该换一种他们更乐意接受的方式，想办法给他们在规矩范围内做选择的主动权，让他们变成规矩的主人，才能真正调动起孩子遵守规矩的积极性。例如，"宝贝，今天去超市你会看到很多好东西，但我们的规定是一次只能要一样东西，要么玩具，要么小零食，你选择哪一个？"这样，给孩子们一个选择的主动权，就不会让孩子感觉受强制或压迫。

为遵守规矩设置的奖励，要"及时"而"有趣"

对不足4岁的孩子，一旦他兑现了承诺或听从了要求，就要立即给予他们奖励或鼓励，这对于父母立规矩至关重要。例如，孩子在公共场合遵守了规矩，就应该依据约定给他物质或精神上的奖励；在走亲访友时孩子遵守规定，如果能当着亲友的面肯定和奖赏你与孩子的约定，就会让孩子更加体会到，守规矩会得到父母之外更多人的赞赏和鼓励，守规矩是一件很好的事情。

为3岁孩子设置遵守规矩的奖励，最好能做到"及时"和"有趣"。上面泰妈带孩子逛超市的事例中，为制止孩子在超市撒泼耍赖要东西，泰妈用了一种变相奖励的方法，"如果现在听话不闹，回家就让你多看一集《超级飞侠》"。虽然这可能是孩子最喜欢的奖励，但是对于正在闹情绪的孩子，奖励虽然有趣，却不是能够马上兑现和实现的，所以不见得是及时有效的好办法。

温馨贴士

　　3岁孩子虽然已经具备了初步预测事物和简单因果关系的能力，可以理解和接受生活中最基本的规矩，但是由于他们的注意力水平及记忆力发展还处于初级阶段，很多规矩若不及时提醒或间隔时间太长，就会被他们遗忘在九霄云外。因此，利用视觉和听觉提示工具，可以帮助他们记住规矩。如把每天在固定的某个时间要干的事情——喝牛奶、吃饭、午睡等，画在事先做好的提示卡片上，张贴在餐桌前或卧室的床头，起到事先提醒的作用。另外，还可以借助闹钟、定时器和铃铛等听觉辅助器，在规定好的时间提示孩子该做什么事情了。在制作和使用这些视听觉提示工具的时候，要是能够吸引孩子参与并让他们说了算，效果就更好了。

帮助3岁孩子解决社交矛盾

　　周末，泰泰的幼儿园好友高高来家里做客，泰妈和高妈在厨房聊天。两个小家伙本来各自玩得好好的，不知道为什么突然争吵起来。

两位妈妈赶忙跑过去看，两个小家伙正在拼命地抢一支小手枪，泰泰紧紧地把枪捏在手里，并用另一只手使劲儿地打高高，高高大声地哭起来。

妈妈安慰了高高，并严厉地对泰泰说："你太没礼貌了，高高是小客人，你是小主人，小主人应该让着小客人，把枪给高高玩吧。"

泰泰不肯。泰妈又转向没抢到玩具的高高，"要不阿姨再找一件玩具给你，你们俩可以一起玩。"高高不同意，他哭着说就要泰泰手里的那把枪。

泰妈又转过头问泰泰："要不你玩一件别的，让高高先玩这个，待会再给你？"

"不行！"泰泰的防御心更强了。

泰妈担心泰泰会变得不可理喻，使局面变成僵局，于是她马上打消了要强迫泰泰把枪让给高高的消极想法。她问儿子："妈妈知道你最喜欢这支小手枪了！告诉妈妈，你打算用它干什么？"

"妈妈，我是黑猫警长，要打坏蛋！"

"那你觉得高高是你的朋友吗？"

"是。"

"那你觉得你刚才怕高高抢你的手枪，用手打他，他会感到怎样？"

"生气，"此时泰泰的情绪已经平静下来了。

"那高高生气了，他会怎么样？"

"嗯……"

"他是不是可能也会打你呢？"

"嗯。"

"能不能想出一个你们俩都不生气，都可以一起玩这个手枪的好办法？"

"妈妈，我可以和高高轮流打坏蛋！我打完了，让他打。"

"对，这是一个好主意！那你们谁先来玩呢？"

"我先玩，"站一边的高高也说，"我先玩。"

泰妈继续启发他们："你们能不能自己想出一个谁先玩的好办法？"

"用石头剪刀布的办法。"

"好办法，那现在开始吧！"

两个小伙伴又很快乐地在一起玩了。

3岁孩子因为抢一件玩具打架、起冲突，是他们这个年龄阶段再正常不过的事情了！即使是平时玩得很好的朋友，也会为了一件东西翻脸。其实有经验的父母知道，3岁的孩子之间不会有真正意义上的矛盾，他们的冲突来得快去得也快，都只是孩子在一时之间强烈的情绪表达而已。

鼓励孩子大胆说出想法

虽然3岁孩子的语言能力已经有了很大的提升，但是在紧急情况下，他们还是习惯于直接使用肢体来解决问题。当孩子间发生矛盾冲突的时候，父母要帮助他们使用恰当的语言来表达。比如在因为抢夺玩具发生冲突时，可以鼓励孩子这样说出自己的想法："请你不要抢我的玩具！""等我玩完了再给你玩可以吗？""你可以拿你的玩具和我交换玩。""我们用石头剪刀布来决定谁先玩。"

在解决孩子的争执与冲突时，如果你问一个 2 岁的孩子："你拿走了贝贝的铲子和沙桶，你觉得她会有什么感受？"多数情况下应该是对牛弹琴。因为 2 岁的孩子是以自我为中心的，他小小的脑袋还无法同情和理解他人的感受。但是对于 3 岁的孩子，特别是 3 岁半以后的孩子，情况就不同了。你可以跟他说："没有经过贝贝的同意就拿走她的铲子和沙桶，她会是什么感受啊？"孩子可能会说同伴会生气，你可以紧接着问："那她生气了，会怎么对你？"孩子会进一步思考，说出同伴在生气状态下会打人、骂人、咬人之类的。这样多用提示和询问的方式引导孩子思考自己行为的后果及他人的感受，说出矛盾过程中自己和同伴的不同感受，从而使孩子自然地改变自己的行为。所以，父母在帮助孩子解决同伴交往矛盾时，不仅要鼓励孩子表达自己内心的想法和感受，更要多启发孩子说出他人的感受、思考问题的原因和解决冲突的方法。

引导孩子推测他人感受

　　结合 3 岁孩子身心发育特点，父母可多用生活场景和具体形象来培养他们推测他人感受的能力。例如，可以多和孩子玩表情识别游戏，教他们通过观察别人面部表情推测其情绪感受，如："我现在很高兴，因为我在笑，但是刚才我睁大眼睛大声喊，因为你把球扔在我脸上，我很生气。"

　　平时也可以在讲故事的时候和孩子做这样的感受训练，通过图片或故事的叙述，告诉孩子故事里人物所经历的不同感受。例如在讲《卖火柴的小女孩》时，你可以指着图片让孩子观察："这个小女孩光着脚，抱紧身体缩成一团，她一定是被冻坏了。"或者，引导他们猜想故事里人物的心情："所有的人都不买小女孩的火柴，她心里肯定很难过，是吗？"或者让孩子说出自己的感受："小女孩没有鞋穿，一个人坐在墙角里，又冷又饿，你觉得她最需要什么？"或者"如果你在大街上看到了这样的小女孩，你会帮助她吗？"

教孩子学会思考，而非马上解决问题

　　在以上案例中，当泰妈弄清楚两个孩子是为什么起冲突之后，她及时地控制住了自己强迫泰泰把玩具给高高的想法，而是找出孩子消极情绪背后的积极动机——"因为他要用小手枪打坏蛋，所以不能把枪给高高"，然后从这样的积极假设出发，帮助泰泰回顾和思考自己刚才的行为：

"你不想把小手枪给高高，但是他要抢，所以你打了他，是吗？"

"是。"

"你打了高高后，高高会是什么感受？"

"会生气。"

"高高感到生气后，他怎样对你？"

"他也打我。"

"高高又打了你之后，你又会有怎样的感受和反应？"

"生气。"

"你再次生气后，又会怎样？"

"打他。"

…………

在引导孩子反思自己行为的同时，泰妈引导他们积极思考："能不能想出一种既不打架，又能在一起玩的好办法？"她一步一步引导着孩子思考在冲突情景中应该怎么办。自始至终，泰妈都没有帮助孩子立即化解矛盾，而是引导他们自己思考，想出办法解决矛盾。

用第三只耳朵听懂孩子的"为什么"

　　妈妈给泰泰讲了安徒生的童话故事《卖火柴的小女孩》，留给泰泰很深的印象，让他产生了一连串的问题。他不停地问妈妈："卖火柴的小女孩为什么没有妈妈？"面对这样的问题，泰妈不知如何回答，就说不是所有的孩子生下来都是幸运的，有的孩子在很小的时候，妈妈就生病去世了。接下来的几天，他不住地问这个问题："为什么有的孩子生下来就没有妈妈？有的孩子有？卖火柴的小女孩为什么没有妈妈？"泰妈一度认为他可能是因为同情卖火柴的小女孩才会这样穷追不舍地问，就问他"是不是觉得卖火柴的小女孩从小没有妈妈太可怜了，想要帮助这样可怜的小朋友？"显然这样的猜测和回答还是不能解决泰泰心里的疑惑，于是，他继续问这个问题。泰妈想了各种可能回答他，都不能令他满意。直到有一天，泰妈问他："你是担心自己会变成像卖火柴的小女孩那样的孩子吗？"他听了竟然大声哭起来，说："妈妈，我不想让你去世，我不要变成没有妈妈的孩子。"泰妈这才明白了他一直问这个问题的真正原因。于是极力安慰他说："请你放心，妈妈不会让你变成卖火柴的小女孩那样的小孩，因为妈妈会永远地保护你，爱你，妈妈也不会变成故事里那个会死去的妈妈，因为妈妈没有生病，身体很健康。"自从妈妈这样解释过后，泰泰心中的疑惑终于解开了，这个问题在他心里终于画上了句号。

每个 3 岁的孩子心中都有十万个为什么，当孩子向我们提问时，他们首要的需求是被我们听见，被我们理解，然后才是回答。正如《如何说，孩子才会听，怎样听，孩子才肯说》中所说："他们（孩子）需要大人做的是充当一个回音壁，帮助他们更进一步地去探索他们的思想。"在孩子没完没了的问题中，很多父母往往容易陷入循环性的回答、厌倦，到最后的困惑和敷衍。正如很多父母所说："当孩子提出一个问题，真是不知道给他什么样的答案。因为孩子太小，许多问题即使是解释清楚了，他也未必能够理解。给一个自己想象出的美好的答案吧，又害怕误导了他。究竟 3 岁孩子的问题应该怎样回答，在'真的答案''美的答案''善的答案'中，真不知哪个才是最适合他们的"。

面对孩子的提问，不要急着给出答案

3 岁孩子眼中的世界是充满幻想和疑问的，随着感官能力的逐步提升，他们对外部世界的兴趣越来越浓，并渴望积极主动地参与到对事物的深入认识中去。"为什么"是连接他们的"内部世界"与"外部世界"的桥梁，也是他们构建自我的重要内容。父母一定要站在这样的高度来看待孩子提出的每一个问题，而不只是简单给他们一个应付的答案，或是买几本厚厚的《十万个为什么》。要认真琢磨孩子问题的前因后果，来龙去脉，结合孩子提问时的情境，站在他们的角度先去感受、去思考。孩子为什么会在这样的情境中提出这样一个问题？是想搞明白事情的情况，还是想引起你的关注？是表达自己的某种情绪，还是对某种需求的呼吁？理解和弄明白"他们为什么提问"，比"如何回答他们的提问"和"应该给他们什么样的答案"更重要。

回应孩子的问题，要遵循孩子的思维及心理发展规律

通常而言，3岁的孩子处于一种"魔幻思维"阶段，这个阶段的孩子多数都是魔幻现实主义者，很难分清现实和想象的关系。在应对3岁孩子的提问时，不能脱离孩子具体的发展阶段——3岁孩子认知模糊，他们可能相信妈妈的衣柜里藏着一只大怪兽，也相信黑猫警长真的会骑着警车晚上抓老鼠。一些小女孩会坚定地相信，只要穿上公主裙，手持魔法棒，喊一声："巴啦啦能量—呼卡拉—美雪变身，"就会发生奇妙的事情。所以，很多时候，他们需要的是同样富有想象力和魔幻力的答案。

了解孩子提问的动机，巧用"问题"给孩子立规矩

3岁孩子提问有时仅仅是在表达一种愿望，还有一种情况就是对

外部规则的反抗，而不是真的要你解答。例如，他们会问："为什么要睡觉？""为什么不能看电视？""为什么不能出去玩？""为什么不能吃糖？""为什么不能在马路上跑？"等等。类似这样的问题，其实是由于该阶段孩子对规则和规矩的敏感性很高，你要顺着他们的问题把规矩讲给他们，例如"因为天黑了就是睡觉的时间，所有的人都要睡觉休息了，宝宝也要和爸爸妈妈一起睡觉"。

很多孩子向父母提问，其实是在探究自己身上正在发生的事。这类问题的另一种表达就是：我需要弄明白现在为什么要这样，我需要掌控我自己的生活。例如一个孩子很爱吃甜食，但妈妈总是限制他吃糖，他很不解，就不断地问："小孩为什么不能吃糖。"妈妈利用这个问题和孩子约定关于吃甜食和牙齿保护的规矩。在回答这个问题的时候，可以结合一些形象化的故事和绘本，如《牙齿大街的新鲜事》《牙医怕怕鳄鱼怕怕》等，让故事来回答孩子心中的疑问，同时也让他明白立定规矩的原因。

Tips

巧用孩子的问题来给孩子讲清楚规矩的原因，能使他们更好地理解和遵循父母定下的规矩。

第 *3* 章

做 3 岁孩子最贴心的情感教练

父母的情绪对 3 岁孩子的心理发展意义重大。就养育一个在情绪方面正在发展的 3 岁孩子而言，父母控制好自己的情绪，并用自己的情绪去引导孩子的情绪，是一件至关重要的事情。

成为孩子贴心的情感教练

3 岁是孩子心理发展的转折期，即"第一反抗期"，这是孩子自我意识产生后心理上的第一次飞跃。他们的情绪稳定性不足，闹起脾气来无章可循，让爸爸妈妈感到疲惫无力。很多爸爸妈妈在这个阶段感觉力不从心，孩子的确是和以前不一样了。很多妈妈非常了解孩子，她们像大海里的优秀舵手，在船底快要触碰礁石之前一眼就能看出来，成功将船驶向安全地带。即使是这样出色的妈妈也常常纳闷，明明很多时候都能够游刃有余地处理孩子的情绪问题，为什么孩子还是会闹脾气？为什么孩子在别人跟前都很好，一回到自己跟前就变成另外一个人，急躁又不可理解？这就需要你成为孩子贴心的情感教练，教会他们恰当处理自己的情绪问题。

如何让发脾气的 3 岁孩子平静下来？

3 岁的泰泰去幼儿园小朋友农农家参加生日聚会。生日蛋糕从盒子里拿出来的那一刻，他就看上了蛋糕上面镶嵌着一个小熊图案的巧克力片。等到农农吹完蜡烛，他正准备拿那片巧克力的时候，巧克力已经被农农拿走并塞进嘴巴里一半了。泰泰马上跺着脚大哭起来"她吃了我要的小熊巧克力！我要她给我吐出来！"说着，就伸手去抢农农手里剩下的那一半。农农不给，泰泰更生气了，大声尖叫起来。他还要继续抢农农手里的巧克力，农农也被吓哭了。泰妈连忙对农农说对不起，并抱着泰泰问怎么回事。泰泰委屈地瘪着嘴说："农农吃了我的小熊巧克力片，要她给我吐出来。"泰泰的爸爸见孩子在别人家里这样突然耍脾气不讲道理，影响人家的生日会，于是厉声责备说："谁说那是你的巧克力了，今天是农农的生日，蛋糕怎么吃要由农农说了算。"听爸爸这样说，泰泰更加伤心地大哭起来。妈妈担心爸爸这样吓唬孩子会让情况变得更糟，就蹲下来安慰他，小声问他："你想吃那个小熊图案的巧克力，是因为你喜欢小熊，是吗？"泰儿点头说是，嘴里嘀咕着："我先看见小熊的，农农吃掉了。"

"第一眼就看见小熊而且很喜欢，要是能得到真的就太好了。可是事先没说好，现在被农农先吃了，你就生气了，是吗？"

泰泰边哭边点头，嘴里嚷着一定要那个小熊。

"妈妈知道你现在很难过，希望农农能把巧克力还给你，是吗？"泰泰又点头。

妈妈紧紧抱着他："要是妈妈的话，肯定也很失望！可是你有没有发现，刚才的生日蛋糕上还有一个比小熊更大、更漂亮的动物呢？"

泰泰停止哭闹，他若有所思地说："还有个大恐龙。我不要恐龙，我就要小熊巧克力片，我要她给我吐出来。"

"你和农农都是属龙的，那个恐龙，看起来比小熊还要厉害。是不是和你的霸王龙玩具一模一样。"

一联想到自己最喜欢的霸王龙，泰泰的注意力似乎发生了 180 度的大转弯，脸上立即有了光彩。

泰泰妈妈想办法转移他的关注点，于是又问："那你觉得是恐龙厉害，还是小熊厉害啊？"

泰泰不假思索地说："恐龙厉害！"

妈妈马上说："那这只恐龙是你自己拿到盘子里，还是要妈妈帮你拿？"

"我自己拿。"

"好吧！吃了这个恐龙，就能变得像霸王龙一样厉害了！"

妈妈还没说完，泰泰就已经拿到了恐龙巧克力，并将它得意地送进了自己的嘴巴里。

类似以上这样的场景相信大家都不陌生，当愿望（哪怕是极为自私又毫无道理的愿望）得不到满足时就发脾气，对于一个快速发展的 3 岁孩子来说十分常见。他们会气得满脸通红，愤怒地尖叫，最后躺在地上大吼大叫、拳打脚踢，完全成了一只小野兽。他们甚至还会粗暴地把发怒变成对别人的攻击，比如把玩具突然往别人身上扔，或者用脚踢人，用手抓人，全然不顾自己和别人的安全。而你就站在他的面前，内心波涛汹涌，你紧咬着嘴唇将涌上胸口的火一口一口咽下去，你控制着自己的身体甚至是拳头不要和这样一个不懂事的孩子对着干。其实，你很着急，无能为力的挫败感完全淹没了你。3 岁孩子发脾气时像突如其来的龙卷风，即使再平静的大海也会被激起千层浪。这个时候，你能否让自己和孩子都平静下来？无疑，这是最考验父母内功的时刻。

如果你的 3 岁孩子经常发脾气，这对你和孩子意味着什么？正如蒙台梭利所说的，孩子"发脾气"仅仅表示一种内在的障碍、一种需要没有得到满足和一种心理紧张的状态。他们用自己的行为来表达情绪，其实都是为了让他人读懂自己内心的想法。结合上面的案例，让我们看看父母如何让闹脾气的 3 岁孩子平静下来。

面对发脾气的孩子，父母首先要保持平静

在上面的事例中，面对同一个孩子发脾气的情况，爸爸和妈妈表现出完全不同的两种状态。爸爸显然已被孩子的情绪所刺激，变得焦躁和紧张，觉得孩子在众人面前闹脾气是不听话，不懂事，更是让家长没面子，于是便大声地呵斥孩子，用以暴制暴的方式来压制孩子。在当时的情境中，孩子发出的脾气"火苗"已经成功"点燃"了爸爸，在"着火"的情况下，成人自己已经带上了情绪，又如何能够看到孩子内心的需求，更别说要帮助孩子了。尤其是当朋友、亲戚或者其他人在一旁看你如何应对孩子踢打胡闹时，成人更容易把"如何处理孩子发脾气"这件事转移为"在其他人眼里自己和孩子能马上变得更好"。因此，在面对孩子的哭闹行为时，成人的着力点不是如何去帮助孩子，而是变成如何压制孩子，让他表现为其他人期待的样子。

幸好，案例中的妈妈比较平静，她自己没有被孩子的无理取闹所干扰，而是用抚慰性的口吻和孩子说话，通过缓慢的语速，了解孩子发火的真实原因，以便帮助他感觉更好一些。在孩子的情绪恢复平静之后，再来寻找解决问题的出口。

温馨贴士

在这里，我们要提醒父母的一点是，3岁孩子发脾气其实更多是一种心理紧张的状态，是一种与外界进行冲突和平衡的方式，更是一种释放紧张情绪和寻求援助的表达方式。在处理愤怒中的孩子的情绪问题时，父母一定要尽量控制自己的情绪，并极力与孩子建立一种基于关心、理解和接纳的关系，使得自己能够更好地控制局面，并把因孩子发脾气所遭遇的挑战作为自己学习的机会。

合理化认同孩子的感受，孩子才能安静下来

3岁的孩子最渴望父母能够理解他，支持他，尤其是在他情绪最危急的时刻。如果父母能够从内心意识到，孩子即使无理取闹，也一定有他自己的理由，而且肯定是某个比我们想象中更为重大的原因，那么父母就会集中精力认真倾听孩子的说法，并最大限度地给予接纳和认同。正如上面事例中妈妈的做法，她极力站在孩子的角度去感受和接纳孩子的内心，让大发脾气的孩子首先讲出自己发脾气的原因——因为是我先看见了小熊巧克力，所以它就应该是我的——虽然听起来有点无理取闹，但在3岁孩子的小脑袋里，这就是道理和规则。显然，他们多

数情况下还是处于自我为中心的逻辑世界，"属于自己的东西"被别人拿走吃掉，受伤害的感觉毫不亚于成人世界里被侵略、被剥夺的感觉。父母只有首先理解和认同孩子的这种感受，才能与他们进行递进式的交流，用自己的话说出孩子内心的感受。例如在泰泰哭闹发脾气时，妈妈说"第一眼就看见小熊而且很喜欢，要是能得到真的就太好了。可是事先没说好，现在被农农先吃了，你很伤心"，妈妈这样说是通过自己的话说出了孩子尚不能表达出来的感受，将自己变成了孩子情感上的同盟，让孩子能够听进去自己说的话。一旦孩子平静下来，她就可以决定接下来如何解决当前的问题了。

"转移注意力"是对付 3 岁孩子发脾气的最佳灭火器

3 岁孩子的脾气来得快去得更快，在紧急关头，父母要帮助孩子找到分散注意力的方法，帮孩子摆脱此刻可能产生的负面情绪。在上例中，妈妈在孩子情绪稍微平静后，让孩子的注意力转移到他平时最喜欢的另一个事物（恐龙）上去，问孩子另一个动物巧克力片"是不是和你的霸王龙玩具一模一样"。接着，她通过唤起孩子快乐情绪的方式，即让孩子回想起最喜欢的恐龙——"你觉得是恐龙厉害，还是小熊厉害啊？"——帮助孩子忘记当下暂时的痛苦（没有得到自己想要的小熊图案巧克力）。最后，妈妈引导孩子用立即去干另外一件事——"这只恐龙是你自己拿到盘子里，还是要妈妈帮你拿？"——转移注意力。当一很多孩子都是"顺毛驴儿"，越夸越有干劲儿。

一个特别的说法，胜过千万个"你真棒！"

其实我们中国的父母个个都舍得爱孩子，但就是不擅长赞扬孩子。看着孩子的动人之处，也就是"可爱""真聪明""好漂亮""做得真好"几种说法，而且几乎多数的人都只会这样说，导致孩子难有被真正感动和兴奋的感觉。

夸奖3岁孩子要注意语气和说法，同样一个意思，"怎么说"比"说什么"更重要。内容要具体，夸奖要有针对性，不要说些人云亦云没有情感含量的话。智慧的父母在夸奖孩子时，总会使用一些能够说到孩子心尖儿上的话，充满爱意和动力。真正打动孩子的夸奖，就是找到孩子的特别之处。即使是孩子做了和其他孩子同样的事情，作为父母的你还是能够从中体会到你自己的独特感受，并很恰当地把孩子值得赞赏的行为总结成一个特质，即我们常说的夸奖孩子的三部曲——第一步，描述你自己所看到的；第二步，描述你自己的感受；第三步，把孩子值得赞赏的行为总结成一个特质。有时还可以在慷慨地给予孩子具体表扬之后，补充一些建设性的信息。

例如在上面案例中，当泰泰双手捧着一辆用磁力片拼成的火车模型给妈妈看时，妈妈首先是客观描述了自己看到的作品"和真的火车一模一样，火车头还是托马斯小火车那样的蓝色"，而且"上面还有高出来的烟囱，没想到还是蒸汽火车"，接着妈妈表达了自己当时的感受，"告诉妈妈，你是怎么想到用磁力片拼出这么复杂的东西来的？真是太让妈妈吃惊了"，最后，妈妈通过与爸爸微信视频的方式夸赞泰泰是个具有超级想象力的孩子，以后说不定能够发明出新型的超级火车来。爸爸还提议下次要带他去火车博物馆观察更多的火车模型，丰富他创造的内容和灵感，这就让孩子得到称赞的美好感觉又拉长了。

让你的奖励变成孩子最在意的东西

奖励孩子要让他得到自己最渴望得到的东西，也就是孩子平时很期望，但很少有机会得到的东西。比如上面案例中爸爸提议的"去火车博物馆"，实际上就是孩子平时最渴望的事情，现在变成了对孩子的一种奖励。只要父母用心，就能时常用孩子最渴望、最在意的东西来鼓励孩子。例如有一个妈妈平时很少允许自己 3 岁的大女儿吃甜食，有一个周末她计划要带女儿和儿子去动物园玩，上车之前，她就和女儿商量，要她坐在车后座的安全座椅上，不要吵闹，并且帮忙照顾好坐在另一个安全座椅上的不到 2 岁的弟弟。一路上，这个 3 岁的小女孩表现超级好，她不仅及时地给弟弟拿水杯喝水，还给他讲故事，让妈妈在前面安心开车。到了动物园门口后，妈妈给她买了冰激凌，作为给她的特别奖励，那可是平时她最喜欢但很少能够得到的东西！她激动得欢呼雀跃，对妈妈无比感激。她小心翼翼地拿着冰激凌，一小口一小口地舔着，不让每一滴滑落，并且在那一天接下来的时间里，一直都表现得很好，还主动帮助妈妈照顾弟弟。通过这个例子我们可以看出，父母用心的奖励是孩子好行为的助推器。得到了自己最喜爱的东西，才能激发孩子去体会父母对自己的期许，并激发他们努力做更好的孩子。

除了物质的奖励和夸奖，你还有其他更多的方式和选择，以免孩子对你一成不变的奖励感到厌烦。你不妨试试这些形式的奖励，比如，"如果你按时刷牙、洗脸、上床，就可以在熄灯前多听一个睡前故事。""如果玩完玩具能够把玩具整理归位，就可以给你看动画片的额外时间。""如果能自己起床穿衣服，就可以自己选择用哪种味道的牙膏。"只要是孩子最喜欢的事情，都可以变成对他们的奖励。但需要提醒父母的是，对于给予孩子的奖励一定要考虑清楚实现的条件，以免不能兑现，适得其反。

夸奖及时才有好效果

对于3岁孩子来说，时间间隔太久是有效夸奖的大敌。他们都是活在当下的现实主义者，你的夸奖和奖励越是及时，孩子尝到的甜头就越新鲜，夸奖的效果就会越好。比如说，如果你希望孩子在公交车上不要大喊大叫，而且他做到了，那你就要在他下车的时候及时夸奖或奖励他。如果你要求孩子吃完饭后要把自己的碗筷收起来给妈妈，那你就要在他这样做的时候给予及时的肯定和夸赞（不管他做得怎么样）。再例如，你事先告诉孩子：如果在我接听别人电话的时候，你能够不打断我，就在你的奖励墙上贴一颗星星。那打完电话你就要及时兑现。3 岁孩子很在意你给他的每一次惊喜，及时的夸奖能够让孩子清楚地知道，到底自己怎样的行为是被称赞的。他能够记住特定场景中的那个动作及感觉，以便自己下次还可以继续。

如何让入园焦虑变成一种正能量？

3 岁孩子的正式入园是孩子与父母的一次"小别离"，充满了戏剧般的离愁别绪，即我们常说的"入园焦虑"。初次离开父母和家庭进入陌生环境的孩子情绪会产生很大的波动，会出现闹情绪、大哭大闹、舍不得离开妈妈的情况。同样，父母也会因为孩子离开自己产生许多焦虑情绪，担心把孩子抛入一个完全陌生的环境中会伤害他的安全感；担心孩子一整天看不到自己会伤心落泪；担心孩子不敢说话，会饿着渴着，甚至会把大小便拉在裤子上；担心孩子会和其他小朋友打架，尤其担心自己的孩子会受各种欺负……一想起这些，几乎每个父母（尤其是妈妈）都会焦虑得不得了。

泰妈最近非常焦虑。马上秋季开学了，按规定泰泰已经到了正式入园的年龄，但泰妈心里一直很纠结。虽然孩子已经过了3岁，但在她眼里，还是个处处需要大人照顾的小不点。尤其是在生活自理能力方面，从出生到现在，泰泰在家里都是姥姥姥爷、爸爸妈妈如同四大金刚一样厮守陪护、精心照顾的，是个十足的"饭来张口、衣来伸手"的小宠儿。平常生活中，姥姥用勺子喂着才肯好好吃，大人在一边伺候着才肯穿衣穿鞋。虽然近期泰妈一直刻意训练泰泰吃饭穿衣等生活自理能力，但是离她心目中孩子适应幼儿园的能力标准还有一段距离。泰妈同时也请求姥姥一同帮忙训练，跟她谈如果孩子自理能力差将很难适应幼儿园的生活。姥姥很当真，平时训练时，如果泰泰不配合，就拿一些话吓唬他："如果不自己吃饭，幼儿园老师就会请大夫来给小朋友打针。"或者"这样不听话，送到幼儿园可怎么办？"一想起孩子马上要离开家人，独自面对幼儿园，泰妈心里就难受，觉得孩子除了生活自理，在其他很多方面也不能适应幼儿园的生活，比如不能很流利地说话和表达，着急了讲不出话怎么办？还有就是平时和其他小朋友玩，喜欢抢玩具，甚至动手打人，万一在幼儿园打其他小朋友怎么办……

果然，送泰泰上幼儿园的第一天，艰难的离别就开始了。妈妈把泰泰打扮得漂漂亮亮，从一出家门就给他做思想铺垫，告诉他今天在幼儿园待一天，下午妈妈很快就会来接。但在幼儿园教室的门口，泰泰死活就是不进教室，一个劲儿地喊："我不要上幼儿园，我要妈妈！"

听到他哭，泰妈真是不知所措，怕强行离开让孩子觉得自己"被抛弃了"，留下心理阴影。于是，她就抱着泰泰，坐在教室外面耐心地哄他，直到孩子情绪平复了再送他进去。到后来，泰泰好像也比平时更黏妈妈，每天早上都很不情愿去幼儿园，拉着妈妈的手不肯放手。有几次泰妈因为着急赶时间上班，强行把他交给老师，强忍眼泪果断离开，但一整天都担心这样会给孩子造成心灵的伤害。

3岁孩子入园对父母来说是一个艰难的挑战，因为变化和分离对于母子都是极为困难的事情。从爸爸妈妈温暖的怀抱和家庭熟悉温馨的环境一下子进入幼儿园陌生的环境中，对于一个3岁的孩子来说，内心的恐惧和不安绝不亚于我们成年人被突然从高空抛到一个荒岛。面对各种新情况和新要求，孩子难免在生理和心理上感觉不习惯，从而产生焦虑。几乎所有的孩子在初次入园时都会出现焦虑情绪，只是表现的方式和程度不同而已。比如有的孩子会表现得很明显，在门口大哭大闹，拽着妈妈死活不进教室；而有的孩子可以在老师的协助下进入教室，但进去之后会特别胆小，粘着自己觉得放心的一位老师，不做任何事情；稍微适应点的孩子也会突然哭闹起来，不停地追问"妈妈什么时候来接我"；有些孩子会紧张得吃不下饭，喝不下水，甚至尿裤子。所有这些都是孩子初次离开父母进入幼儿园时常见的情况，也是孩子依恋情绪发展的正常表现。

在孩子刚入园的一段时间里，帮助孩子适应环境，尽快度过入园

Tips

分离焦虑主要是指幼儿和抚养者之间分离时所表现出来的一种不安情绪和行为，幼儿一生中最初的分离焦虑是从幼儿园开始的，幼儿刚刚入园时都会有分离焦虑，只是轻重程度不同。

分离焦虑是至关重要的。入园分离焦虑时间延续的长还是短，孩子适应新环境顺还是不顺，与父母的态度和行为有莫大的关系。分离焦虑，形象点讲，就是小动物要初次离开妈妈的巢穴，那种惊恐不安的感受。父母首先要能理解和接纳孩子的感受，视入园焦虑为孩子成长发展的必然过程，而非成长问题；视其为普遍规律，而非个别现象。不要过度妖魔化入园焦虑，反过来讲，这种焦虑是一种充满积极能量的情感表达。要认识到入园焦虑是孩子社会化的必要阶段，在这个时候，父母除了要更耐心地理解孩子，更重要的是要鼓励和帮助孩子。

正视幼儿园对 3 岁孩子的积极意义

不管你是否舍得送孩子去幼儿园，也不管你给孩子选择的是哪种性质的幼儿园，首先要正视幼儿园对于 3 岁孩子发展的积极意义，更要认识到"分离"对于孩子发展的积极意义。

3 岁是孩子发展自主性的关键时期，包括生活自理能力、身体活动能力和情绪控制的能力。这个时候让他们离开家人精细的照料和呵护，去一个安全的、带有简单任务的生活环境是非常必要的。幼儿园是一个与家庭完全不同的新环境，在那里，老师不会像家里的照料者那样对孩子照顾得面面俱到，更不会为之代劳。因为老师要同时照顾很多的小朋友，孩子只能得到相对平均的关注度，而这无形中给了他们发展自主性的空间和机会。

幼儿园也是孩子初始社会化和同伴交往的最佳场域。孩子初次离开父母走向幼儿园，是他们走向集体生活，学做社会人的第一步，是孩子生命中的重大转折点，是他们社会化的初始阶段。从社会性发展看，3岁孩子已经在逐渐走出自我中心世界，开始对自己之外的小同伴感兴趣。他们热爱同伴，关注同伴，更重要的是他们需要同伴。他们积极地与他人建立关联，喜欢和同伴在一起玩耍。这种感觉让3岁孩子非常着迷，同伴关系唤醒了他们尝试交往的热情。幼儿园是孩子结交同伴、练习同伴交往的自然场域。父母一定要时刻提醒自己，只有放手让孩子进入有着最自然的同伴群体和同伴关系的环境中，孩子才能自然地去发展这些能力，为日后的集体生活和社会化交往打下基础。

而且，不管你承认与否，幼儿园是一个比家庭更讲规矩和秩序的地方。这对帮助3岁孩子建立规则意识，发展秩序感意义重大。实际上，3岁孩子比任何时候都热爱规矩和秩序。例如，在幼儿园，老师会告诉小朋友，玩玩具时要学会排队等待，如果是几个人同时玩一个玩具，要学会轮流玩或按照一定规则玩。再比如，玩完玩具后，要及时归位，自己把玩具收起来，放回原来的位置，等等。在幼儿园的一日生活中，老师会一点点地帮助孩子建立规则的意识。另外，幼儿园的环境布置相对家庭来说更有秩序，教学区、生活区、玩具区、活动区等空间环境的划分，玩具、教具、生活用品的摆放各有其位，孩子在园

幼儿园，来到这里会有什么样的要求和乐趣，让孩子对幼儿园有向往之情。

在孩子入园前做好准备工作

如果父母不做任何准备，突然把孩子送进幼儿园，会让孩子产生巨大的焦虑和恐惧心理。**首先要让孩子憧憬上幼儿园**，比如经常在孩子面前说，只有长大的孩子才能上幼儿园，让孩子产生一种自豪感，认为上幼儿园是因为自己长大了，而不是因为爸爸妈妈工作忙，或者家里的保姆、其他看护人离开了，没人照顾他才把他丢在这里，要让孩子在心理上对上幼儿园有积极的态度。另外，如果有机会的话，**要带孩子到幼儿园进行参观、玩耍**，熟悉幼儿园的环境，并且在这个过程中一定要用"问问题"的方式来启发孩子，让他看到幼儿园的可爱之处，觉得幼儿园是一个开心欢乐的地方，形成他自己对幼儿园的亲身体验和真实感受，而不只是他人口中描述的印象。

除了这些准备外，父母自己的心理准备也格外重要。许多父母，尤其是妈妈，到了孩子临近入园，孩子还没哭闹，自己的心就已经揪成一团了，眼前总是孩子离开妈妈时撕心裂肺地哭的情景，如同上面案例中泰泰的妈妈所担心的一样：孩子会不会在幼儿园哭？老师会不会很有耐心地对待自己的孩子？孩子想上厕所不敢跟老师说怎么办？孩子万一发脾气打人怎么办？被其他小朋友欺负了怎么办？事实上，父母的焦虑情绪是孩子焦虑情绪的重要来源，父母首先要对孩子入园这件事坦然面对，以轻松愉快的态度和孩子迎接这件事。最好在家里还能以游戏或场景扮演的方式，和孩子演练上幼儿园的情景，让孩子从心理上轻松入园。

接纳孩子的焦虑情绪，保护孩子的依恋行为

孩子刚入园时有轻度焦虑是正常的。在这个时候，父母不但要理解和接纳孩子的焦虑情绪，更要通过必要的反应和行为帮助孩子，使孩子尽快度过焦虑期，并将这种由分离造成的焦虑情绪转化为孩子更加强大的安全感。如果孩子哭泣，父母要接纳孩子的情绪表达，理解他恐慌、焦虑的感受，并鼓励孩子勇敢面对，千万不可以强迫、哄骗的方式让孩子入园，也不能以过于情绪化的方式加重孩子原本焦虑的感受，更不能依照自己的心情在孩子入园焦虑问题上前后不一致。例如有些妈妈会安慰孩子说"妈妈知道宝宝在幼儿园会难过，妈妈和你一样难过"。这不是共情，是煽情，只会助长孩子的脆弱，让他更加缠绵。还有些妈妈为了安慰孩子，就答应孩子说不会离开，会一直在幼儿园门口等着，这种不合逻辑的解释既不能安慰孩子，也会让孩子对于为什么上幼儿园更加迷惑，心中的焦虑更加沉重，表面上好像是在安慰孩子，实际上是在深深伤害孩子。

父母在对待孩子入园的分离焦虑上更要前后态度行为一致，不能以自己的心情和需求处理与孩子的分离。例如上面案例中的泰泰妈妈，刚开始时看见孩子哭，舍不得离开，就抱着他在教室楼道里安慰他，但是一旦自己早上工作紧张，需要赶着上班时，又决然地马上离开，这种前后不一致的行为表现很容易让孩子迷惑，甚至更能加重他被妈妈抛弃的感觉。

不要强迫 3 岁孩子分享和接受分享

5 岁的嘟嘟和 3 岁的乐乐是家住上下楼的邻居。周末下午，嘟嘟的爸爸带他来乐乐家里玩，乐乐很喜欢这个比自己大两岁的哥哥，大方地拿出自己的玩具给他玩，遥控坦克、音乐枪、乐高、磁力片……玩了一段时间后，嘟嘟突然看上了一套还没有开封的飞机模型，那是前几天儿童节乐乐收到的礼物，是他最喜欢的东西，没有之一。眼看着嘟嘟马上就要把自己心爱的礼物拆开了，乐乐很着急，他马上凑过去从嘟嘟哥哥的手里夺，嘴里还喊着："这是我的飞机模型！"可是嘟嘟并不了解乐乐的心情，乐乐越抢，他越是不给，说："我就是看看不行吗？"乐乐哭着说："不行！这是我的。"嘟嘟把飞机模型举得高高的，他个头比乐乐大，乐乐够不着，急得满头大汗。嘟嘟的爸爸只是在一边象征性地说："嘟嘟，把东西给乐乐。"但显然这样说是不起作用的。乐乐的妈妈知道这套飞机模型对于乐乐的重要性，知道他为什么不能分享这个玩具。于是，她赶紧拿了其他东西和嘟嘟交换，让他把飞机模型还给乐乐。但嘟嘟还是不肯。乐乐妈妈告诉他："因为这套玩具是乐乐新收到的礼物，他真的很喜欢，所以阿姨真的很抱歉，今天不能让你玩了。"可是嘟嘟还是说："我就是想玩嘛，乐乐真小气！"乐乐妈妈知道这个时候是孩子最需要自己的时候，于是又对嘟嘟说："阿姨知道你也很喜欢这个飞机模型，舍不得给，要不回头阿姨给你买一套好不好？"嘟嘟还是不乐意，这时在一边的爸爸也过来强制嘟嘟把玩具还给了乐乐，然后带嘟嘟回了家。

虽然这个过程没有发生什么大的风波，但事后乐乐妈妈一直很不安，她不知道这样保护自己的孩子，不强迫他去分享自己不愿意分享的玩具，但又伤害到其他的孩子，到底好不好？

另一种不当分享的情况是：

妈妈带着轩轩在小区玩，碰见了经常一起玩的另一个小朋友。小朋友的奶奶很热情，见到轩轩马上从包里掏出两颗大白兔奶糖，表示自己对孩子的喜爱和友好。可轩轩刚在家吃过含糖的食物了，而且马上就到了晚饭时间。妈妈不愿意让轩轩拿奶奶的糖，可是奶奶不知道这些，还是使劲儿地往轩轩手里塞，妈妈不好意思拒绝，只好让轩轩吃了。

温馨贴士

父母如何教 3 岁孩子学会分享？

◎ 在生活中多给孩子创造为他人服务的机会。例如，帮家人摆碗筷，给家人分小吃等。

◎ 有意识地带领孩子和别人"借东西"，并承诺归还的日期，形成他人物品的概念。

◎ 在遭遇孩子间争夺玩具的事件时，多给孩子灌输"交换"而非"抢夺"的策略，鼓励孩子用自己的东西与他人进行交换。

◎引导孩子玩一些能感受到"轮流"概念的游戏。例如，滑滑梯、排队投球等。

◎ 鼓励 3 岁孩子用乐意接受的方式决定谁可以先玩。比如，石头剪刀布。

◎ 用闹钟或提示卡帮助孩子规定分享规则。如闹钟一响，就该轮到另一个人玩了。

◎ 当孩子要去找小伙伴或在外面玩时，带一件自己的玩具，以便能随时和别人交换。

◎ 如果孩子多，帮他们安排或选择一些需要合作才能玩的游戏。例如，乐高、积木、磁力棒、躲猫猫、老鹰抓小鸡等。

第 *4* 章

关于 3 岁孩子教育的几个交锋

孩子的语言发展到底有没有敏感期？英语启蒙超过 3 岁关键期是不是就晚了？孩子到了 3 岁是否必须上幼儿园？什么样的幼儿园才是最好的？能否给 3 岁孩子进行背诵训练？过早开发记忆力是否会扼杀孩子的创造力？……面对太多的困惑和争论，作为 3 岁孩子父母的你，是否已经焦虑了？

孩子的英语启蒙错过 3 岁就晚了吗？

自从泰泰上幼儿园后，泰妈对世界的关注度比之前更深更广了。每天在接送孩子时，在幼儿园门口她总会被一些英语启蒙机构的人热情挽留，他们一边发传单一边用流利的专业术语告诉泰妈，3 岁是孩子学习第二语言的"窗口期"和"关键期"，一旦错过了这个关键点，孩子学习第二语言的"窗户"就关上了，以后的学习会变得极其艰难。在班级的家长群里，泰妈总是看到其他家长在热议给孩子报英语兴趣班的事情，很多家长都给孩子在幼儿园外报了学习英语的班。这让泰妈觉得很困惑，如果不抓紧给孩子报班学习英语，就会被别的孩子拉开很大的距离吗？对于 3 岁的孩子而言，真的有外语启蒙的关键期吗？

盲目跟风，还是形成自己的判断？

孩子的英语学习要从 3 岁抓起，绝大多数是出于父母的盲目跟风和过度焦虑。好多父母受"起跑线"说法的影响，怕孩子会落在别人后面。他们相信 3 岁是孩子发展语言的关键期，外语学习越早越好；有的父母纯属跟风，觉得别人都报了，就随大流也报名；但有的家长就很反对，觉得孩子太小，说好自己的母语才是最重要的，没必要那么早就开始学英语。但是不管持何种意见和选择的父母都同样困惑——对于 3 岁的孩子而言，是否真的存在语言"窗口期"？如果存在，父母要如何促进其第二语言的学习？

孩子年龄越小，的确在语言学习方面越具有优势。许多研究者常用狼孩的例子证明孩子学习语言具有"窗口期"这一论断，认为一旦错过这个关键期，孩子学习语言的窗户就永远关闭，将会造成难以弥补的遗憾。但是这只是语言学习的一个特例，狼孩不会说话与他错过语言学习的关键期有关，但更与他脱离人类生活的环境，特别是语言环境有关。对于正常成长的孩子而言，父母只要对年龄与外语学习的关系保持一定的敏感度就可以，不必过于纠结于"关键期""窗口期"的说法，认为错过了 3 岁的最佳时期就是错过了一生，那样会给自己和孩子带来很多不必要的麻烦。

　　3 岁要不要学英语？父母在形成自己的判断之前，还是要尊重孩子语言发展的特点。对于 3 岁的孩子而言，学习任何语言的动力和激情都是来自于语言的交际性和社会化的作用。也就是说，3 岁孩子更乐于接受生活化、口语化的语言学习。他们首先是喜欢听和辨别熟悉的语言，然后才会产生说和模仿的动力，而不喜欢把语言变成一种脱离生活、经过专门设计和灌输的东西。脱离了生活和与人交际的场景，单方面去让孩子学习一门陌生又看似无用的语言，对他们而言是件很痛苦的事情。

　　但父母的焦虑和担忧是非常现实和正常的，因为在现实生活中的确有很多孩子小小年纪就能流利地说好外语。作为父母，在羡慕惊讶之余更应该去思考的是孩子学习外语的其他影响因素，而不能简单地认为"语言窗口期"是一切的源头。任何学习中孩子都应该是第一位的，要创造合适的环境和刺激因素，才能激发出孩子主动学习的内在动力。如果单靠父母的"一厢情愿"和"起跑线焦虑"把外语学习强加在孩子身上，是主客颠倒的错误思维方式。

　　在面对孩子最初的外语启蒙这件事上，父母需要拿出自己独立判断的勇气和智慧，处理好这样几个关系及问题：第一，及早学英语是孩子的意愿还是父母的意愿？很多父母早早就树立了孩子教育国际化的思她开始动摇了……

3岁一定要上幼儿园？

按照我国教育部相关文件的规定，孩子的入园年龄应满3周岁。因为3周岁的孩子随着年龄的增长，身体免疫力有所增强，语言表达能力、理解能力有一定的积累，具备了上幼儿园的身体条件。

在很多国家，包括世界上先进的发达国家，幼儿园或叫学前教育并不属于"强迫教育"和"义务教育"阶段。父母在该阶段依旧是孩子的主要监护者和教养者，到3岁后，是否要送孩子上幼儿园，以及上何种幼儿园，也是完全由父母自行决定的。在现实生活中，有很多像禾妈这样的父母，认为孩子年龄小时不应该被送到幼儿园里受管教和约束。在他们眼里，幼儿园被定义为"学习"和"受教育"的地方，这是他们考虑是否送孩子去幼儿园的本能顾虑。但是，一般情况下，一所好的幼儿园，其创设的主要目的是替代父母照顾和托管孩子，是促进孩子半社会化，初步与家庭、父母脱离，练习独立生活和交往的场所，也是孩子认识规则、学习规则的地方，对于孩子的成长意义重大。

因此，年龄并不是决定儿童入园的唯一条件，选对幼儿园才是关键。孩子到3岁后要不要上幼儿园，完全是由父母自主决定的事情。一方面要依据孩子的成长发育情况和家庭的实际状况。例如，上面案例中的禾妈，如果自身条件允许，家庭的经济等条件都足以支持，而且自己根据孩子的身心发展情况判断，不去幼儿园是一个更好、更切实际的选择，就可以选择在家养育孩子。国外有很多家庭学校便是这样的形式。但是如果孩子上幼儿园的意愿很强烈，或是家庭的其他条件并不完备，不如在3岁时选择让孩子去幼儿园。这是需要父母独立思考并灵活选择的一件事情，不必成为刻意强求或跟风的难题。另一方面，父母要综合各方面的因素为孩子选择最合适的幼儿园。

价格贵、名头大的就是"好"幼儿园？

有人形象地把幼儿园称作孩子由家庭前往社会的第一个弹跳板，也有人视幼儿园为孩子人生的第一起跑线。这说明幼儿园虽未在义务教育范围内，但在父母心里却意义重大。

面对目前社会上名头各异的幼儿园招生宣传，几乎每个父母都会被弄得晕头转向。有一位妈妈甚至为了给女儿选择一所最好的幼儿园，在孩子不到2岁的时候就开始多方打听和调查，对社会上已有的各种幼儿园办园理念进行认真学习，蒙台梭利、华德福、双语、特长……但到头来反倒越了解越迷糊，越没有主意。现实中，有很多类似这位妈妈的父母，在给孩子选择幼儿园时面临着很多困惑。

父母首要的困惑就是到底应该给孩子选择哪种理念的幼儿园？在我

尤其是对一些离自己生活很远的古诗词、汉字符号等没有足够的理解力。即使他们在成人的有效训练下能够短期记住一些东西，而且能够在众人面前进行展示，但实际上，这种过早开发训练孩子记忆力的方法，如同强制灌输式的训练，很可能会把孩子更宝贵的东西扼杀在摇篮里，比如说想象力、创造力、思考力甚至自主学习的能力。

此外，许多年轻父母认为，现在已经是信息时代，人类对于知识的掌握和运用已经有了翻天覆地的变化，许多原本由人脑去完成的基本工作，如对知识的记忆和搜索等，都可以交给电脑去完成，人类需要的是更多创新知识和开拓知识领域的能力。因此，他们坚决反对还用古人的方法来教育新新人类，尤其反对用训练记忆力的方式来教育孩子。他们主张不背诵，不重视记忆，强调保护孩子的自由思考和创造力。

记忆力开发是"桶"还是"水"？

3岁孩子在记忆力发展方面具有得天独厚的优势，这是无可争议的事实。许多人在经历一生风雨后，记忆犹新的往往不是新近发生的事情，却是童年的往事。这说明幼年时期的记忆在人的一生中的确意义重大。

针对当下人们对于过早开发孩子记忆力的争议，问题的焦点往往被聚焦缩小在"要不要背诵古诗词""要不要背诵英语单词""要不要参加专门的训练班"这样的问题上，这实际上是将讨论狭窄化了。因为孩子的记忆力发展不仅仅是体现在背诵记忆某一类东西上，而是体现在与其记忆力有关的一切事物和事件上。

既然每个孩子都拥有一座记忆力的宝藏，父母就不可轻视和浪费。但要如何重视和给予帮助，并不是仅靠几本古诗词或几本教材就能解决的。父母重视开发孩子的记忆力，第一要义还是要懂得孩子在这个阶段记忆力的发展特点，从而遵循这些特点去选择自己训练和帮助孩子的方法。例如，**这个阶段的孩子比较擅长对形象事物的记忆**，尤其是对生活中事物和事件的记忆，识记时很容易受到情境、情绪等因素的影响，随意性很强，而不善于对抽象事物的记忆。那么，父母在平时的帮助促进与训练中就要多结合生活事件，借助生活场景，那些具体、形象、鲜明、生动、易引起孩子注意和兴趣的事物更容易给孩子留下深刻的印象，尤其是促进孩子对某个知识或某个东西的记忆。举例来说，带孩子站在漫天飞雪里感受雪花时，在孩子手指轻触雪花的那一刻，父母可以自然地教他诵读《雪》：

一片两片三四片，

五片六片七八片。

九片十片十一片，

飞入草丛都不见。

相信孩子以后再听到或见到雪时，不自觉地就会吟诵起这首诗来，因为记忆的场景是和他的生命融为一体的。

3 岁孩子记忆力发展的另一个特点是习惯机械地背诵记忆，不善于在理解的基础上记忆。这个阶段的孩子虽然能记住很多东西，但并不都是他们真正理解的，之所以能记住，一是因为他们对那个东西的某些特点感兴趣，二是因为刺激物反复出现。许多孩子对于电视广告能够倒背如流就是这个道理。萧红在《呼兰河传》中提到童年时代祖父每天早上起床教她念《春眠》：

我睡在祖父旁边，祖父一醒，我就让祖父念诗，祖父就念：
"春眠不觉晓，处处闻啼鸟。
夜来风雨声，花落知多少？"
"春天睡觉不知不觉地就睡醒了，醒了一听，处处有鸟叫着，回想昨夜的风雨，可不知道今早花落了多少。"是每念必讲的，这是我的约请。

几乎每天早晨，祖孙俩都是这样重复着共读一首诗。即使是在多年后战乱的颠沛流离与人生的最低谷处，萧红还能在这首诗的慰藉中感受人生的温情，而这正是童年不经意的温暖记忆带给她的。

幼年时期的一些记忆确实对人的一生弥足珍贵，但为了眼前有限的目的去刻意训练孩子的记忆力，犹如刻舟求剑。因此，我们讨论孩子

的记忆力，不是仅仅背诵几首古诗、记住一些单词这么简单。3 岁的孩
子能够无意识地体会和记忆他所经历的场景中的很多细节，我们切不可
打着保护孩子创造力和思考力的旗帜坚决制止开发训练孩子的记忆力，
因为这无异于连孩子和水一起泼掉，最后连木桶也扔了出去。

父母随笔

第三部分
创建温暖有爱的 "3 岁" 家庭

家庭给了3岁孩子最初的归属感、被接纳感和一生的情感纽带，是3岁孩子生命的全部世界、人际关系的浓缩、行为表现的镜子，也是他们预备走向社会，展翅飞翔的踏跳板。家庭是3岁孩子情感生活的演练场和人际交往的练习台。幸福的家庭是父母送给孩子最珍贵的礼物，是永恒的无条件的爱、理解与鼓励的源泉。在这样的家庭环境中成长的孩子，需要会得到满足、情感会得以回应、规则会得到养成、幽默感也会得到发展。孩子在这样的家庭氛围中最终会坚定且自信地朝更成熟的方向走去。在家庭环境里，孩子不仅从父母的身上没取养分，更从隔代的祖父母辈、从同辈的同胞关系、从整体的家庭环境中学习规矩，成为一个带有自家教养味道的小孩。

第 *1* 章

家庭生活是 3 岁孩子
成长的重要篇章

自孩子出生以来，新的父母就诞生了，像有一种神秘的力量，使他们生活在一个新的星球上。随着孩子不断长大，新诞生的父母也长大成熟，他们生活的星球也慢慢长大……

3 岁孩子成长的"星球"

只有"两座火山"和"一朵玫瑰"的"B-612"行星

夜幕降临，当孩子熟睡后，你悄悄走出房间，关上房门，坐在房间的某个角落稍作休息。你扫视四周：玩具四处散落，它们身上还留有孩子刚触摸过的余温，现在各自躺在那里似乎在等待小主人能送它们回家；沙发垫的褶皱里明显还留有一双小脚丫跳过的痕迹，那是孩子每天扶着墙壁在上面跳蹦蹦床留下的记忆；沙发靠着的墙壁，应该被称为艺术家的涂鸦区，上面用各色彩笔画着意识流一样的抽象画；旁边的小书架上摆着一些玩具，还有绘本；茶几上有孩子睡前拼装的乐高模型……现在，一切都随着孩子的入睡变为安静，等待第二天早晨他睁开眼睛后被重新唤醒。

在每个 3 岁孩子的眼里，家是他们能量驱使转动的小星球，像法国作家安东尼·德·圣埃克苏佩里笔下的那个小王子，在从未来到地球之前，他住在被称作 B-612 的小星球，他的星球很小，只有两座火山和一朵玫瑰花陪着他，但他是那里的唯一统治者。

家是 3 岁孩子建立最初信任感的情感城堡。如同童话里的小王子，家是每个 3 岁孩子居住的小星球，星球上的每一样东西都是他驯服的玫瑰花，每一处角落都是他统治管辖的疆域，他通过在自己星球上的生活开始认识整个世界。在星球上的各种活动之中，都暗含着他日后即将走出星球的态度。当孩子抱起自己的玩偶，对它们说话，给它们洗脸喂饭、打针吃药，他都是在练习与自己之外的另一个人建立联系。成长中的孩子需要一个能够满足他们需求、给予他们生理和情感上支持的环境，才能进一步探索其他更大的领域。在皮亚杰看来，正是这种探索，构建了他们关于自身和这个世界的认识。

家是3岁孩子放眼看世界的第一站

3岁孩子从家开始认识人的世界。他首先认识的，是星球上每天照顾他的那个人（通常是妈妈）怎样跟自己说话，另几个人（通常是爸爸、其他主要照顾者）怎样对待妈妈，以及他们之间如何相处。这几个人，如同他在星球上看到的太阳、月亮和星星，每天以怎样的规律循环往复，由此生成了他关于善恶美丑的最初概念和理解。

3岁孩子会本能地对家庭产生深刻的认识和感受。在家庭生活中，他们逐渐理解自己的角色，并同时理解他们的小家庭在更大范围的社会中的角色。孩子的价值观在很早的时候就会受到家庭的影响。即使他们还很小，家庭成员就会向他们传递一些关于自身、情感、他人等各方面的想法。

3岁的乐乐一听见别人谈论"幼儿园"就会突然停下手里的事，神情变得凝重起来，有时还会没理由地发脾气，这让她的妈妈很惊讶。也许她自己都忘了，前段时间家里人在讨论秋天要送乐乐去幼儿园时，乐乐爸爸说小区的幼儿园规矩太多，送这么小的孩子上幼儿园简直就是遭罪；乐乐奶奶也说，幼儿园里一个老师管太多孩子，听说孩子想拉臭撒尿都不敢跟老师说。当乐乐不听话时，奶奶还吓唬她说，再不听话，就送到幼儿园，让老师好好管管。

呼，这是家庭教育的结果。

著名心理学家阿尔佛雷德·阿德勒有一个著名的论断，他认为一个人的生活风格和人格在 3 ～ 5 岁时就已经固定了，因而，他以后的一切所谓发展问题，包括学校问题、社会问题，甚至婚姻家庭问题，基本上都是早期教育、特别是家庭教育的结果，学校、社会和婚姻只不过是一种测试情境，让早年潜在的家庭教育问题显露出来。在确定问题儿童的生活风格时，阿德勒发现，家庭教育在儿童人格及社会化发展方面发挥着举足轻重的作用。

因此，如果把孩子比喻成种子，那么他早期生活的家庭就是土壤，想要种子苗壮成长，就要优化土壤的质量。父母作为孩子的重要抚养人，与孩子之间的亲子关系决定了孩子来到人世间的第一人际关系。等到有一天孩子走出家庭，开始与外界接触时，就会从这一层关系中延伸出许多其他的关系，这深刻影响着他与人交往的品质与质量。举例来说，如果一个孩子在家习惯了做全家人的"小太阳"，有一天进了幼儿园会突然面临完全相反的情境。老师要同时面对 30 个左右的孩子，对所有孩子一视同仁，不可能把注意力全放在他一个人身上。如果这个孩子特别黏老师，想要老师给予自己更多关注，那么他就会采用一些非理性的方式，如用大哭大闹等来惹怒老师，或搞些破坏来吸引老师的注意力。这正是家庭教育中过于宠爱和过于顺从的教养结果在幼儿园生活中的体现。

在家里培养 3 岁孩子的自主性

让家庭成为孩子自由行动的探索场

社会学家埃里克·埃里克森（Eric H. Erikson）的研究指出，一个人出生的头几年，共经历八个心智成长阶段，每个阶段都有要完成的发展任务。如果个体在某个阶段因为某些原因没有完成发展任务，那么他就会在生活中出现困扰。

表 2：　埃里克森的心理社会发展阶段

儿童发展阶段	大约年龄	发展任务
婴儿期	0～1 岁	● 基本信任 v.s. 不信任
学步儿期	1～3 岁	○ 自主 v.s. 羞怯与怀疑
学前期	3～6 岁	● 主动 v.s. 内疚
学龄期	6～10 岁	○ 勤奋 v.s. 自卑

注：摘自《社会性与人格发展》，戴维·谢弗著，陈会昌译，人民邮电出版社，2012 年。

按照埃里克森的理论，1 岁以前的孩子发展的主要任务是信任与不信任，如果这一阶段孩子在身体情感方面能得到父母和主要照顾者的及时满足，那他们就会觉得自己生长在一个安全的地方，会发展出对别人及外部世界的信任感。但如果孩子在家里不能获得安全、生理和心理需求方面的满足，他们就会表现出异乎寻常的恐惧感。

1 ～ 3 岁时，多数孩子开始蹒跚学步，该阶段孩子发展的主要任务是"寻求自主、分离与独立"。如果他们要求自主的需求得到满足，受到父母的支持和尊重，就会获得充满自主能力的感觉。但如果父母不能满足孩子的需求，不鼓励孩子，甚至打压和批评孩子，尤其是在孩子最初尝试自己干一些事情的时候，孩子就会产生害羞和羞愧的感觉。这种寻求自主感和自我能力感的阶段一直要持续到 3 岁。也就是说，一个 3 岁的孩子，如果能够得到自由的发展，并且得到成人的支持和鼓励，那么，他们就会认为自己是一个有能力的个体，对自己充满信心，成为出众的探索者、创造者和表达者，成为一个独立的个体，并且建立与他人的关系。相反，如果他们的目标和活动有时和父母、家人对他们的要求发生冲突，这些冲突可能会使他们感到内疚。

家庭是 3 岁孩子重要的社会代理人。父母要努力使家成为一个能够让 3 岁孩子自由探索的发展空间，而不是一只鸟笼。要让孩子很好地运用自己的肢体和感受自由探索周围的环境。比如在家里，可以专门为孩子准备一些新的东西，让他们拿来敲、嗅、摸，并试着拆开，甚至破坏。多数 3 岁孩子是热情的"操作者"和"破坏者"，他们探索、实验、使用物品并观察结果。父母要给他们探索的自由空间和积极鼓励，切不可为了维护家庭环境的整洁、物品的完好而过分束缚孩子的大脑和双手。

家庭培养 3 岁孩子自主性应坚持的一些原则

原则一：整体性原则——构建家庭育儿共同体

美国教育家杜威认为，教育孩子需要构建一个生活的共同体，在这个共同体中，如果大家都认识、关心并考虑一个共同的目的，从而调节大家的特殊活动，那么就可以形成一个共同体。

家庭成员因为角色地位的差异可以起到互补的作用，并且减少角色间的冲突，形成一个生活的共同体、思想的共同体、问题解决的共同体。不管何种类型的家庭结构，最常见的如核心家庭、大家庭，甚至是关系比较复杂的复合家庭、单亲家庭，只要有两个或两个以上的家庭成员，就会存在观念的分歧和矛盾的产生。在复杂的关系中形成一个整体性的育儿共同体，是家庭培养孩子应该坚持的首要原则。例如，在我国存在很多隔代养育的情况，请看一位妈妈如何营造一种整体性的家庭氛围，使老人和年轻父母一辈形成合力，来共同抚养 3 岁的孩子。

圆圆妈妈是一家大型旅行社的总监助理，先生是通讯公司的副总，女儿 3 岁。奶奶和爷爷从孩子 8 个月起就从老家县城来北京帮忙照料。平时圆圆的吃喝拉撒都由奶奶管，爷爷负责给全家人买菜做饭、打扫卫生。妈妈不仅可以继续自己的事业，有时还能得闲上网看部电影，和朋友喝个下午茶。为了孩子成长和家庭的和谐氛围，她采取了抓大放小的策略：她放弃了对一部分照料细节的要求，对老人给孩子喂饭等做法"睁一只眼闭一只眼"，但在思维训练上坚持严格要求，比如，孩子摔倒了不能拍地埋怨"地不好"（错误归因不对）。最重要的是，妈妈教育孩子时老人不能护着。她说："我会不停地去跟他们讲道理，我也不放弃，但是我不会说你坚决不行，你就不能怎么样。我跟你去吵一架，产生正面冲突，对家庭是非常没有好处的，毕竟我们住在一个屋檐下。"

另一方面，在日常生活中，圆圆妈妈注意和照顾公婆的需求。婆婆脚大不好买鞋，她去英国出差买了 5 双以舒适著称的某高级品牌皮鞋给老人。老人爱聊家长里短，她虽觉得琐碎，也常陪着聊。丈夫老家的表弟出国、表妹结婚之类的，圆圆妈妈也帮忙张罗，用她的话说，"我们家就是一北京接待办"。利用工作之便，圆圆妈妈还常安排全家一起旅游，给容易晕机的婆婆安排公务舱，安排好行程保证一家老小玩得尽兴又不太累。对此，她颇感自豪："上次去新加坡，公公说，我跟着儿子享福了！婆婆说不是跟着儿子，是跟着儿媳妇。"

慢慢地，在给孩子立规矩时，婆婆同意躲到小房间。当惯一家之主的公公一开始还当面反驳，有时两人忍不住发生口角。"我跟爷爷奶奶说，以后你们觉得我们教育孩子有问题，我们等她睡着了以后说，不要当着她面说，我们可以开一个家庭会议来说这个事情。但老人真的做不到，有的时候他现场就会说，有的时候我烦了，我也会直接就跟她爷爷嚷嚷，就是会有矛盾，没有办法。"

冲突结束后，圆圆妈妈通常会主动找公公道歉和解，慢慢地也成功游说老人在她教育孩子时出门溜达。对此，她如此解释："你在这个家庭里边过日子，有的时候得认命，我也不是公主，有一些该迁就的东西我只能去迁就，我凭什么主动找你爸说话呀？（争论）我的错还是他的错没有意义，你该怎么说就怎么说呗，反正他也是老人了，按辈分来说你也该尊敬他，他再糊涂再老顽固，那人家还是在这打扫卫生买菜做饭呢，对不对？"

同样是在隔代抚养大家庭中的另一位妈妈，采取了完全回避与婆婆直接沟通的方法，虽然表面上回避了矛盾，但是其实让矛盾越来越深。可见，是否能够形成一个共同育儿的家庭共同体，对于孩子，乃至其他家庭成员都是至关重要的。在家庭这个共同体内，为了达成家庭生活的目标，家人的合作，尤其是成人之间的合作是必要的。孩子在家

Tips

形成一个共同育儿的家庭共同体，对于孩子，乃至其他家庭成员都是至关重要的。

庭这个共同体内，将会理解真善美，学会沟通与合作，懂得爱与尊重，从而成长为一个真正的人，这正是家庭教育的根本。

原则二：适合性原则——创设适合 3 岁孩子发展的要求和环境

家庭的抚养理念及要求要充分考虑到 3 岁孩子普遍的发展水平。我们不能指望一个 3 岁的孩子做出 6 岁孩子才可以完成的复杂动作，更不能指望他们懂事听话如同 10 岁的孩子。父母和其他家庭成员在对孩子的抚养和帮助中不能有太多不切实际的幻想。例如，一位爷爷在听说别家同龄的孩子已经能背诵很多的儿歌和唐诗后，就迫不及待地回家训练自己的孙子。孩子如果表现出不耐烦，他就会很生气，感叹自己的孙子从小就不是读书的料，让他觉得很失望。

孩子在尝试一些事情的时候，家庭成员要能给予最适当的帮助，而非过分的帮助或不必要的干扰。例如，在孩子学习自己卸下一个玩具螺丝时，如果我们在一开始就干预的话，孩子的这种探索和努力行为就不会再坚持下去。或许孩子已经把小螺丝刀放到了螺丝的十字凹槽里，但不知道手上旋转的力量朝哪边。你，孩子的爸爸妈妈、爷爷奶奶或阿姨，可以轻轻地把手放在孩子的手上，然后按照正确的方向旋转螺丝刀，直到把螺丝打开。下一次，孩子可能就知道了正确的方法。但是，如果家长是代替孩子去做，或者站在一边袖手旁观，都不会达到给予他们最合适帮助的效果。

父母及其他主要抚养者一定要弄清楚哪些事情对一个 3 岁的孩子来说是适合的，要给予孩子与他的发展能力相适应的帮助和要求。

家庭的环境布置、生活用物、玩具购置等要适合 3 岁孩子发展的需求。家庭环境的布置要尽量保证孩子活动的便利和安全。例如，考虑到 3 岁孩子喜欢自己做事的特点，提供一些他们伸手可及的物品及工具，桌子、椅子、书架、洗脸盆、毛巾等尽可能地保持在适合孩子的高度。必要时，要改变家里的物理环境，从而减少危险及问题的发生。要尽可能地给孩子自由的、不受约束的环境，但同时也要事先做好一切规避工作。例如，要事先把一些易碎物品、危险物品放在孩子够不着的地方，减少过多干扰因素对孩子的影响，如电视机、播放机、手机、iPad 等孩子可能感兴趣的东西。家庭玩具及书籍的购置也要尽量适合 3 岁孩子的发展水平和需求，避免购置超出他们年龄的难度太大的玩具和孩子根本不喜欢的玩具。父母要充分考虑和观察孩子的发展需求和个人兴趣，有针对性地安排家庭玩具和游戏。

原则三：主体性原则——让孩子从小成为家的主人

父母要让孩子参与家庭事务，从小培养孩子的主人翁意识，这是对孩子教育的一个重要方面。父母要明白，3 岁孩子的很多经验来自于

父母随笔

为孩子的成长发起"全家总动员"

家庭关系是3岁孩子自我价值感的力量源头。积极和谐的家庭关系能使孩子在潜意识中认同自己、接纳自己、喜爱自己。消极冲突的家庭关系，会像毒液一样慢慢侵蚀孩子的价值观和人格发展，产生难以估量的负面效果。

完整的夫妻关系成就完美的亲子关系

泰妈自从有了孩子之后，生活的重心一下子从丈夫身上转移到了孩子身上，并且在孩子身上花费的精力比重越来越大。尽管泰爸无数次抱怨说，自从有了孩子，自己就变成了家里有形的隐形人，但泰妈总不以为然。她认为孩子太小，就应该把更多的爱给孩子，有时对于孩子的事泰妈甚至是一人独揽，泰爸很难参与进来。直到某一天，她才突然发现，家庭中的夫妻关系与亲子关系这座天平出现了严重的失衡。随着孩子的长大，逐渐出现了一些教养问题，尤其是自从孩子进入幼儿园之后，夫妻二人关于如何教育孩子的观念和方法都出现了很多摩擦。斗气之余，泰妈总是抱怨泰爸从来都不把心用在孩子身上，泰爸又反驳说，是因为她一直以来独揽孩子的一切，不让自己插手。夫妻之间的矛盾从出现到日益激化，两人甚至冷战。这些都被 3 岁的泰泰看在眼里，小小年纪的他常常敏感于父母每次意见的不一致，有时甚至在爸爸妈妈面前表现出不一样的言行。有一次，妈妈责怪爸爸不应该给孩子的洗澡水温度调得太高，可是泰爸说水温一直都是那样的，不算高，两人正在争执中，孩子在一边劝妈妈说："妈妈，别说爸爸了，爸爸调得水温正好。"泰妈发现，几乎每次她和丈夫发生争论的时候，孩子都向着爸爸那一边，替爸爸说话，这让她很吃惊，更有点儿伤心。

夫妻关系是亲子关系的开始

如同上面案例中的泰妈，很多女性在做了妈妈以后，生活中的很多东西都会本能地被神圣的母性力量所淹没。育儿的烦琐和兴奋使她们很容易忘记自己同时还是一个妻子，甚至忽视了丈夫的存在和需要。这是一种极危险的开始，因为夫妻关系才是家庭首要的关系，所有其他关系都必须服从于它，这样的原则意味着家庭中权威的建立。

夫妻关系是一个家庭的定海神针。如果你爱孩子，就必须重视夫妻关系对于孩子成长的重要意义。在父母相亲相爱的家庭中，孩子也会变得真诚友好，且具有安全感。正如苏霍姆林斯基所赞美的那样，"他们（孩子）自觉地力图不带给父母悲哀、惊惶不安和忧愁"。这恰恰是"父亲和母亲以自己热切的相互关心，相互忠诚和体贴入微进行灌注的结果"。

许多年轻的爸爸在有了孩子之后都有一种被冷落和被遗弃的感觉，有的甚至抱怨是孩子抢夺了妻子对他原本的浓情爱意。而许多年轻的妈妈，如同上面案例中的泰妈，在孩子降生之后，被一种新生命带来的喜悦吞没，完全"以孩子为中心"。这种想法其实并不是真正地对孩子好。年轻的父母一定要明白，你对孩子最深的爱，并非你所扮演的爸爸或妈妈的角色，而是丈夫或妻子的角色。当孩子来到你们的家庭时，意味着孩子进入了一个早就存在的社会结构中，他是来与你们一同建构新的家庭和新的生活，并非要打破原来的一切。亲子关系的好坏，应建立于夫妻关系的好坏之上。这样的真理将永不改变，而且孩子的安全感大多建立于他所观察到的父母之间的关系。

爸爸妈妈不一样，但爱同等重要

如果要一个 3 岁的孩子用天空的日月星辰来比喻自己的家，他们往往会把爸爸比作是"太阳"，妈妈比作是"月亮"，自己是最小的"星星"。这说明在 3 岁孩子的心里，爸爸妈妈的确是代表着不同的爱。这种存在差别的爱对于孩子的成长意义重大。

美国著名心理学家埃里克·弗洛姆在其《爱的艺术》一书中提出了母爱与父爱的不同特点。他认为，母爱代表着自然世界，代表故乡、大地、海洋，母爱作为一种积极的情感，它是无条件的、非功利的。无论孩子做错了什么，有没有实现父母的期待，母爱都会与他同在。正是这种无私的母爱，给稚嫩无助的孩子带来了身心的满足和安全，为孩子的成长提供了坚强的后盾。父爱则代表着现实世界，代表思想、法律、秩序和纪律。

孩子只有在父母的共同努力下，才得以建立完善的人格，从早期的对母亲的亲密依赖过渡到对父爱的信任，实现母爱与父爱最终的紧密结合。在现实生活中，尤其是在当下家庭结构发生急剧变迁的潮流中，家庭的流动、夫妻工作的变动、全职妈妈、双职工家庭等家庭多样态的出现，使很多年轻父母在履行父职、母职方面面临着巨大的困难。例如，有些家庭爸爸或妈妈因为工作原因，长期与孩子分离，孩子由夫妻其中一方抚养。在一些全职妈妈的家庭中，爸爸长期处于"缺位"状态，因此很多妈妈自然代替爸爸履行了爸爸的教养职责。弗洛姆说，孩子在成长中如果只有母亲的特质，那他就有失去自我判断力的危险。相反，如果只有父亲的特质，那他就会变得严厉和没有人性。

所以，即使时间再有限，工作再忙，父母都要设法提高陪伴孩子的质量。例如，如果孩子与父亲关系亲密，虽然时间有限，相隔遥远，孩子知道父亲在，父亲角色功能照样可以发挥得很好。即使父亲平时工作忙，每天回家很晚，只能一星期陪孩子一次，但如果每次都是全身心投入，也好过虽每天同孩子在一起但却冷冰冰地没有互动。

单亲家庭的孩子同样可以得到父母完整的爱

《克莱默夫妇》(*Kramer Vs. Kramer*) 是一部荣获第53届奥斯卡最佳影片等五项大奖的家庭伦理片。影片反映了社会急剧变迁中传统家庭中夫妻的心理错位、个人价值与家庭生活矛盾等方面的典型现象。片中男主人公泰德整日辛勤工作，让妻儿衣食无忧。在他的观念里，他负责养家糊口，妻子乔安娜理应扮演"贤妻良母"的角色。妻子乔安娜无法忍受丈夫无暇照顾家庭、对妻儿的需求置之不理，也不甘终日疲于应付琐碎的家务，无法实现自我价值，最终抛夫别子离家出走。泰德只得独自抚养儿子，终日手忙脚乱，穷于应付。但也正是在与儿子的朝夕相处中，泰德收获了工作无法给他带来的幸福：亲密无间的父子深情。18个月后，乔安娜已成为收入丰厚的设计师，回来争夺儿子的抚养权。泰德为了不伤害儿子，放弃了上诉。但最终剧情峰回路转，为了让儿子健康快乐成长，乔安娜又改变主意，放弃了对儿子的监护权。用她的话说："我一直在给孩子寻找一个家，但现在我发现，他一直生活在自己的家里。"

正如美国社会当年遭遇的家庭变迁潮流一样，中国当下正面临着家庭结构的深刻变革，离异家庭和单亲家庭越来越多，这给成长中孩子的教养带来了很大的问题。正如《克莱默夫妇》影片一开始，孩子恐惧地问爸爸："妈妈不要我，是不是因为我不听话。你会不会也不要我了？"如果爸爸妈妈的关系是淡漠、断裂、不和睦的，或者爸妈的关系只有表面的维系，心与心的关系却断裂了，那么孩子一定会感受得到。孩子是通过爸爸妈妈的相爱程度来判断家庭的稳定性的。当孩子感受到爸爸妈妈之间的关系是不稳定的时候，就会产生很大的危机感和不安全感，他会担心"哪一天爸爸妈妈分开了，我就没有家了，就没有人爱了"。

每个孩子都希望与他的生命息息相关的爸爸妈妈是相爱、和睦、快乐的。即使是离异家庭或单亲家庭，夫妻双方也要尽力以不同的方式来参与对孩子的抚养。在影片《克莱默夫妇》中，单身的泰德在与儿子的朝夕相处中收获了亲密无间的父子深情，以及对孩子更深沉的爱。妈妈乔安娜也关心孩子的成长，定期来看望孩子，并接孩子同自己短暂共处。由于他们都用各自不同的方式表达对孩子的爱，最终在孩子身上并没有显示出因父母之爱的缺失而造成的太多阴影。

平衡隔代间教育理念的冲突

　　玖玖今年 3 岁多，从一出生就由老人来帮忙照料。姥姥从伺候月子开始一直待到孩子出生后 6 个月，之后换由爷爷奶奶照料。玖玖上幼儿园以后，爷爷奶奶身体不好，又换成姥姥姥爷。因为玖玖妈妈的姐姐也有孩子需要老人帮忙照顾，姥姥姥爷只能一家一个，定期交换。姥姥姥爷的态度很明确，需要我们就带，不需要就不带。最近这一段是姥爷在帮忙。每天早上他起来给大家准备好早饭，7:30 送孩子去幼儿园，之后买菜、收拾房间、洗衣服。中午自己随便吃点，睡个午觉，起来后把晚饭的食材和孩子的点心准备好。下午 4 点多接孩子，之后一边照看孩子一边做晚饭。晚饭一般等女儿女婿回来吃，实在等不及就和外孙女先吃。晚饭后，如果女儿已回家，孩子就交给女儿，自己到小区锻炼。如果女儿回来得晚，就不去锻炼。

　　在老人的帮助下，玖玖妈妈在北京念完了博士，做了博士后，最后进了一所民办高校。妈妈爱看育儿方面的书籍，也关注各种论坛上的育儿信息和讨论。在学龄前，妈妈希望培养孩子稳定的情绪和良好的沟通能力。比如，玖玖不听话哭闹时妈妈不哄，也不呵斥，而是轻轻地抱抱她，等孩子情绪平静后再和她讲道理。她教育孩子的时候，爷爷奶奶和姥爷一般都不作声或悄悄走开，姥姥性子急爱掺和，但姥姥的做法妈妈很不赞成，比如用强制性语言或吓唬孩子。有时妈妈忍不住要冲姥姥嚷嚷几句，把她赶走。

在对孩子教育的很多事情上，比如上各种兴趣班、选择幼儿园、生活习惯培养等，妈妈尽量能做到亲力亲为。除了一些赶报告的日子，玫玫妈妈尽量每天在6点以前回家陪孩子吃饭、带孩子玩游戏、唱儿歌、画画、念三字经或去邻居小朋友家串门儿。8点左右她会给女儿洗漱准备睡觉，讲睡前故事，陪孩子入睡。玫玫2岁后，妈妈会在周末安排一些外出的亲子活动，夫妻俩会带上孩子逛公园，去博物馆、游泳馆等。

对孩子的生活照顾引发的代际意见分歧，比如孩子"穿多少合适"的问题，老人怕孩子冻着，要求孩子多穿，但妈妈觉得捂着才是问题，容易引发感冒；比如孩子吃饭要不要大人帮助喂的问题，老人多数时候忍不住要帮孩子，但妈妈坚持要让孩子自己吃。一般而言，这样的争论在多数情况下，掌握科学知识的妈妈胜算更大。久而久之，老人在照料孩子的细节上也会主动询问并听从子女的意见。

在我国，类似玫玫家这样祖辈参与照料抚养孙辈是一种普遍现象。中国家庭营养健康调查（1991年～2004年）的调查数据显示，全国有50%左右的老人参与0～6岁孙辈的生活，这种现象在0～3岁孙辈家庭中更为明显。多数情况下，祖辈为了照料孙子女离开自己的家临时进入子女的核心家庭共同生活，组成以年轻父母为中心的大家庭。当两代父母在育儿问题上产生分歧时，常常会以不同的方式解决。在上例中，由于年轻的妈妈在育儿态度上比较积极主动，因此在很多分歧产生时，最终都会以她的决定为准。例如，在孩子应该穿多少，应该怎么培养吃饭习惯方面，老人都会听从年轻妈妈的意见。

隔代教育有冲突，3岁孩子会变成"两面派"？

在隔代抚养中，两代父母之间出现最多的还是意见的不一致及争执。年轻父母常常提及老人会以各种方式干预和破坏他们对子女的"管教"，纵容孩子不遵守爸爸妈妈制定的规则。比如，一个叫京京的3岁孩子，从小也是由老人照顾长大，家里常常因为老人和年轻父母教养方式不一致发生矛盾。例如，妈妈不准京京多吃零食，孩子在她面前表现得很好，但她慢慢发现了情况："孩子很聪明。他很早就知道什么事情去找爷爷奶奶，什么事情去找爸爸妈妈。吃糖、吃巧克力他就去找爷爷。爷爷会给他吃。"除了暗地里溺爱孩子，爷爷奶奶也会在父母管教时当面护着孩子。一次京京把玩具撒了一地，妈妈让他自己收拾放回玩具箱，孩子不肯反而哭闹起来，妈妈认为绝不能惯着他耍无赖的毛病，正要管教，爷爷闻讯赶来一把搂住孙子："不哭不哭，爷爷帮你收。"孩子也学会了利用老人的庇护来逃避惩罚，在被管教时大声哭闹着主动向老人求救。

年轻父母要正确认识隔代抚养存在的正面意义

祖辈是年轻父母养育孩子的珍贵人力资源和文化资源，祖辈父母参与孙子女的照料在中国社会古已有之。

一方面，老人参与孙子女的抚育为子辈家庭提供了重要的精神文化支持，有利于培养良好的祖孙关系，传递着特有的家族文化。许多由老人带的孩子在生活作息规律、礼貌方面得到了很好的培养。

另一方面，现实生活中祖辈承担了大量对孙辈的生活照料，以及辅助性的家务劳动，比如买菜、做饭、打扫卫生、洗衣服等日常家务，以及幼儿园接送和平常照看。在一些父母工作繁忙的家庭中，老人参与更多的儿童照料，减轻了年轻父母的工作生活压力。

此外，老人参与抚养孩子可以使孩子成长得到更全面的支持。因为老人与父母照顾孩子的侧重点不同，常常能够弥补年轻父母在教养孩子时的不足，对孩子在某些方面的需要给予支持。年轻父母作为主要的"社会性抚育者"，主要负责根据社会要求或现代育儿主张来对孩子进行训练，而祖辈主要承担生理抚育和情感抚慰的职能，更容易站在孩子本性的立场体恤其感受，给予私情慰藉。

平衡隔代教养分歧，沟通是关键

我们之前举过圆圆妈妈处理隔代抚养问题的案例，她是一家大型旅行社的总监助理，女儿 3 岁，从小由爷爷奶奶帮忙照料。为了孩子成长和家庭的和谐氛围，她采取了抓大放小的策略，主动放弃一些自己认为"次要"的矛盾和问题，让老人有一种被信任的感觉。但在原则性和关键教育问题上，她也会坚持自己的做法。另外，在有矛盾的时候，她也很勇敢地面对而不是一味回避，她有自己的策略——一边坚持自己的意见，努力去说服老人；另一边，在矛盾发生后，自己会主动道歉。在与老人沟通协商方面，她很有方法，不会把事情说死，而是给老人一个选择和思考的余地。

另外，最重要的是，她很懂老人的心，让老人有信任感，在与老人沟通时看重和尊重长辈的面子。老人需要陪伴时她主动陪伴，老人希望被重视时，她在生活的其他方面体现出对老人的关心和照顾，例如给老人买东西，带老人出国旅游。对待隔代问题，她的认识是：和老人争论对错没有意义，按辈分也应该尊重老人，而且老人还帮忙分担了很多家务，即便老人有错也应该包容。

心理学家阿德勒说过，所谓母亲的技巧，我们指的是她和孩子合作的能力，以及她使孩子和她合作的能力。这种能力是无法用教条来传授的。每天都会产生新的情境，其中有很多地方都需要应用她对孩子的领悟和了解。她只有真正对孩子有兴趣，而且一心一意要赢取他的情感，并保护他的利益时，才会有这种技巧。这句话，用于隔代教养关系中的年轻父母一辈，亦是合理：所谓与隔代长辈就孩子教养问题沟通的技巧，是无法用教条来传授的，但也并不难掌握。因为在不同情况的家庭中，每天都会产生不同的问题，只有真正对孩子用心，对长辈怀有感恩之心的年轻父母，才会领悟到这种技巧。

"王冠"被偷走：当年轻父母生了二孩

悠悠妈妈很庆幸，在女儿刚上幼儿园的时候她就生了二胎，而且超乎她之前所有的担忧，悠悠在家里第一次见到小弟弟时的表现，超级冷静——她远远地坐着，静静地观察。但是没多久，她就开始吵闹着让妈妈像抱弟弟那样抱自己，还总缠着让妈妈陪自己。妈妈月子照顾弟弟很辛苦，但悠悠总是要求妈妈像以前那样讲故事、晚上哄自己睡觉，只要妈妈一表现出疲惫和不耐烦的样子，她就会无缘无故地哭闹，妈妈轻轻说一句，她就摔东西。她会哭着问妈妈："妈妈，你为什么总是抱着弟弟不抱我。"或者早上上幼儿园的时候，她会赖在床上，要求妈妈像给弟弟穿衣服那样给自己穿衣服。好在悠悠每天上幼儿园，白天很多时候妈妈可以专心照顾二宝。但是在二宝四五个月的时候，悠悠开始变得执拗起来，行为上也出现了一些倒退。比如，已经很久未曾尿过裤子的她有段时间突然开始尿裤子，并且总是大哭着拒绝换裤子。爸爸觉得大宝是在故意捣乱，强硬地帮她把尿湿的裤子脱了，她却拒绝穿裤子，哭着说要让妈妈像给小弟弟换尿布那样给自己换裤子。最近，她甚至开始故意对小弟弟动手，比如趁妈妈不注意的时候，偷偷地敲弟弟的头，在床上用脚蹬弟弟，抢弟弟手里的玩具等。在家帮忙的姥姥责备她不懂事，告诉她是姐姐就要爱护弟弟，不能欺负弟弟，这样对待弟弟太自私等等。但她听了只会大叫两声，说她讨厌弟弟，让妈妈把弟弟扔到外面去。这让妈妈很担心。当初决定再生一个宝宝，就是希望女儿能有一个伙伴，可是现在看来，女儿对这个新来的弟弟并不是那么欢迎和接纳。

　　一般来说，3岁是孩子依恋感最强的时期，也是孩子处于依恋关系的明确期。在此阶段，有些孩子甚至会对爸爸或妈妈产生占有式的依赖感，即人们常说的"恋母情结"或"恋父情结"。尤其是对于普遍在独生子女环境中长大的孩子，要让他在这个时候接受一个和他分享父母之爱的人，大多数孩子都会感到失落。就像经典心理自助读物《汤姆的小妹妹》中汤姆面对妹妹带来的热闹场景时发出的感慨："我感到没人理我了。""父母再也不会爱我了。"他像一个习惯了呼风唤雨的国王，头顶的王冠一夜之间被突然偷走，原本可以独享的父母之爱被另一个小生命占据了，他不再是父母关注的中心。于是，他要使出浑身伎俩，通过捣乱、发脾气，甚至假装变小等办法引起父母的关注。此时，如果父母疏忽了大宝这个心理感受，大宝就容易把这些负面感受积累起来，使其成为负性情绪甚至攻击行为的来源。

"王冠"丢失之初，父母要重视和认可大宝的感受

许多家庭在二宝出生后，都会不由自主地把注意力聚焦在新出生的宝宝身上，很容易忽视大宝的感受。例如《汤姆的小妹妹》中，汤姆最开始在医院里看到小妹妹时，他很喜欢小妹妹，和爸爸一起把家里收拾好，把好玩的玩具都给小妹妹玩，他对小妹妹也很好奇。但是当他看到大家所有的重心都在小妹妹身上时，他心里有些失落和委屈。他甚至问妈妈："妹妹什么时候离开我的家？"

要让一个 3 岁孩子分享出原本属于自己的父母，是比让国王交出他的王冠更艰难的事情。来自父母的爱和肯定是他们建立自我并大胆向外迈出步伐的安全保证。许多孩子看到妈妈怀里多了另一个宝宝，看到全家人都围着另一个孩子转，就会本能地对自己提出质疑，"是不是我不够好，他们才爱另一个孩子？""是不是爸爸妈妈再也不会像以前那样爱我了？"孩子在不确定的情形中一再追问，想要得到答案，于是便会做出许多试探父母的行为，比如发脾气、不再听话、扔东西，甚至动

手打二宝等。

这个时候，父母一定要重视大宝的情绪，从内心去认可孩子的感受，切不可说教地告诉孩子"你是哥哥（或姐姐），要爱护弟弟妹妹"，甚至像上面案例中悠悠的姥姥那样，责备孩子不懂事，太自私。父母要多用情感性的语言和拥抱，给大宝一份专属的"特别"的爱，想办法对大宝进行安抚，尽量多陪陪大宝。比如在老大和老二争宠的时候，也可以满足老大特别的要求，刻意保留一些之前和大宝生活的习惯，如讲故事、唱歌谣等，在真实的生活中告诉孩子，虽然现在有了二宝，但是爸爸妈妈依然会像以前那样爱他。这里需要特别提醒的一点是，二宝出生后，妈妈刚生产完，身体需要恢复。这时爸爸最好能更多地关注大宝的情绪，给予大宝更多的安慰和劝导。

3岁大宝接纳二宝，父母的引导帮助是关键

3岁孩子的理解能力和情绪调节能力正在发育过程中，父母不能指望通过讲道理让他们去接受一个新生命。当二宝到来之后，如果想让大宝尽快接受弟弟妹妹，最好的办法就是让他参与到照顾二宝的日常生活中，要用3岁孩子能理解的话告诉他"同胞"是什么。在具体的生活细节里让他明白同胞的概念，培养最初的感情。有些孩子甚至在最初只是会把新来的二宝当成家里临时的一个玩具，因此在这个时候，父母要

鼓励和引导孩子尽快与新生命建立关系，比如让他们用手摸摸、用鼻子闻闻、用小手抱抱、用小嘴亲亲二宝等，让他们从感官上认识和喜爱这个小生命。

此外，3 岁孩子多数都很热情，虽然刚才还要争夺妈妈的爱，但转眼就会忘掉。妈妈在照顾二宝的时候，也可鼓励大宝当小助手，比如拿个尿不湿、奶瓶、爽身粉之类的东西，让他们看看新生的二宝需要怎样的帮助。而且要时不时对他们的付出表示感谢，比如说"有你这么好的小助手，妈妈给弟弟（妹妹）换尿布就方便多了！"或者也可以代替襁褓中的小家伙表示感谢："哥哥（姐姐）拿来的尿布是不是很舒服啊？有这样的哥哥（姐姐）好幸福，是不是！"以此来增加他们对自己"哥哥"或"姐姐"新身份的认同感。父母可以告诉他当他是个小宝宝的时候，爸爸妈妈也是这样照顾他的。

给予大宝更多的关注和陪伴，助其度过身份焦虑期

一般而言，尽管多数 3 岁孩子会为新生命的到来及家庭的变化感到担忧，但同时，他其实也是非常兴奋和期待的。芝加哥埃里克森研究所儿童发展研究院的教授乔恩·科夫马克（Jon Korfmacher）认为：拥有弟弟妹妹是独生子女人生中的第一次考验。他需要在父母的带领下经历这一关。在这期间最重要的是，父母要试着去理解他的所思所想，

再来引导他。

　　据乔恩·科夫马克教授的研究发现，大部分 3 岁的孩子会为他的新角色而感到骄傲，此时你的鼓励能更好地帮他进入新角色。为了让孩子明白，你可以给他们看各式各样的关于讲兄弟姐妹的绘本或动画片。比如《粉红猪小妹》《汤姆的小妹妹》《我是一个大姐姐》和《我是一个大哥哥》等，让孩子通过一些故事情景感受当一个哥哥（姐姐）是件多么棒的事！父母也可以借助一些角色扮演活动，让大宝为自己要当哥哥（姐姐）而感到兴奋和开心。甚至在迎接新宝宝来到家庭的时候，可以同时也为大宝举行一个成为哥哥（姐姐）的特别庆祝仪式，让大宝得到同样的祝福。

　　要在突然增添了二宝的家庭生活中给大宝一份独属的爱和空间。例如父母每天可以留出专门的时间和空间给大宝，让他来主导支配。在周末或节假日和大宝做一点特别的事，带他去儿童图书馆或好朋友家；抽出时间多倾听和了解孩子生活中发生的事——幼儿园里孩子最高兴的事是什么？发生了什么沮丧的事？孩子的好朋友有什么变化？这里需要特别提醒父母的是，尽量不要因为照顾不过来就把大宝暂时托给别人看管。这样会让孩子有一种爸爸妈妈突然不要自己和被抛弃的感觉，哪怕是在同一个屋檐下，也不要因为有了二宝而突然把大宝隔离开，或转由他人照顾。

Tips

确定父母对自己一如既往的爱和陪伴，是 3 岁孩子度过身份焦虑期的最好处方。

你是大的，就要让着小的？

3 岁的哥哥正在假扮和自己的机器猫玩偶玩抓老鼠的游戏，2 岁的妹妹看到后跑过来，伸手要抢哥哥手里的毛绒玩具。哥哥玩得正高兴，不愿意给她，用手将她推开。哥哥不给，妹妹更觉得那是个好东西，死拽着机器猫的尾巴不放，哥哥被惹恼了，重重地将妹妹推倒在地。妹妹大哭起来。妈妈赶过来，抱起妹妹，边哄她边对一边的哥哥说："你是哥哥，她是妹妹，哥哥要让着妹妹，知道吗？快把玩具给她玩。"妈妈这样说，哥哥还是不给。他还沉浸在与黑猫警长抓坏蛋的英雄情节里，被妹妹破坏了，本来就很生气，现在妈妈偏向妹妹，还责怪他，他觉得生气极了。妈妈越说让他把玩具给妹妹，他就越不给，后来妈妈强行从他手里拽来玩具给妹妹。妹妹不哭了，但哥哥却伤心地大哭起来，妈妈却在一边安慰他说："你比妹妹大，以后要让着妹妹，妈妈给你再找件好玩的玩具……"

这个场景发生在很多有二孩的家庭，在家庭聚会、家族聚会时也经常出现。在我们的传统观念里，自古就有"兄则友，弟则恭"的道理。在年龄不同的两个孩子之间，父母总是强调只有大的礼让小的，小的才会尊重大的。因此，在很多事情上，父母总是强制年长的处处放弃自己的东西和利益，满足比他小的孩子的需求。而事实上，这样很容易破坏孩子之间的规则感和公平感，严重干扰他们的正常交往。

在对待大宝和二宝的态度上，尤其是当两个孩子发生争吵时，父母最好做个中立的仲裁者和冷静的观察者，做到不偏袒、不压大、不护小。如果你的 3 岁孩子是老大，请你明白，不管你怎样强调他是"哥哥"或"姐姐"，他都还是个孩子，而且是一个正处于强烈的物权确认期和自我为中心的人我关系期的孩子，考虑问题时多数还是以自我为原点。如果你强迫他谦让、让小，就会让他迷惑，带给他的是被剥夺感和不安全感。如果在家里太强调"老大总是要让着老二，大的要礼让小的"，很可能会传递给孩子一种信息：规则不重要，年龄才重要。因为有比我年龄小的人存在，许多事情即使遵守了规则也保护不了我内心的公平感。因为"你大你要让"。教会孩子谦让，必须要建立在规则公平的基础上！

需要注意的是，在有两个孩子的家庭中，父母也容易因两个孩子年龄或性别不同，无意间说一些对比的话。例如，对在饭桌上不安分的哥哥说：看妹妹吃饭多安静，吃得又干净！对不愿意自己穿衣服的弟弟说：姐姐都是自己穿衣服，你怎么就不会呢？很多父母容易因为类似的习惯性语言传递出更偏爱哪个孩子的信息。许多访谈记录表明，在父母眼里经常被比较和得不到夸奖的那个孩子，可能会"一生都没有自信"。我们也要再次提醒父母们，二孩政策下拥有两个孩子的家庭会越来越多，父母要认可每个孩子的独特成长方式，千万不要把某一个孩子跟其他孩子相比，或经常牺牲一个孩子的利益去照顾另一个孩子，这是家庭教育最大的忌讳。

父母随笔

好的家庭环境"沉默不语"，但是它却比任何语言都能打动孩子的心。对于3岁孩子而言，家庭教育的主要任务是培养孩子的自主能力及良好的生活习惯和社会兴趣等。要完成这一任务，必须首先注重健康安全的家庭环境、民主和谐的家庭氛围，以及稳定的情绪环境。安全、和谐、稳定的家庭环境是3岁孩子健康成长的保障。

第 3 章

安全适宜的家庭环境

让你的家会说"是"

蒙台梭利说，爱是儿童成长的土壤，儿童只有得到充分的关爱，才能具备健全的人格、心智和道德。可以说，爱是儿童成长的背景和环境，也是儿童早期教育的基础。

培养孩子的自主能力和良好生活习惯是3岁孩子家庭教育的主要任务之一。为了做到这一点，**父母首先要保证家庭的环境布置对3岁孩子友好开放**。例如，在厨房、卫生间安放儿童台阶、脚凳或者水龙头延伸器（如果嫌购买麻烦，也可以用家里的其他物品代替，总之，处处用心就会有惊喜），这样孩子就有条件自己洗漱，家长也无须再为孩子洗手或取物等事情操心；为了鼓励3岁孩子独立穿衣戴帽，可以在门后较低的地方定做衣帽钩，方便孩子自己悬挂和拿取衣帽；想让孩子养成出门前自己穿鞋的习惯，你可以在门口放置一把适合孩子穿鞋的板凳，帮助孩子坐下来慢慢穿鞋。

另外，**每个3岁孩子在家里都应该有个可以做手工的地方**——一个房间，或者一个角落，或者一张手工桌台，安安静静，没有电视的噪音，没有其他人的干扰，有不限量的材料、颜料、纸张和各种工具、玩具。当然并不是所有的家庭房子都足够大，可以专门开辟出孩子的专属空间，但只要是真正用心的父母，哪怕是专门安置一个小沙发、一张小桌子，也是给孩子最好的家庭礼物。

当父母允许和鼓励孩子有自己的餐椅和工作间，有了自己为一些事情做决定的环境支持，孩子就会自然而然地意识到自己是一个独立的家庭成员，是和其他家庭成员一样有能力的个体。3岁的孩子经常在吃饭时打翻饭碗，给一家人的就餐带来麻烦，这也让他产生经常出错的无能感。如果妈妈能够在孩子的饭碗下面加一层橡胶软垫或使用专门的防滑碗，就可以轻松避免这尴尬的一幕。同样地，一块漂亮的杯垫可以促进3岁孩子定点放置水杯的习惯养成。为了把水杯成功放在杯垫上，孩子要认真地注意水杯和杯垫的位置，这个过程看似是帮助孩子养成安全放水杯的习惯，其实也是在教给孩子小心放置生活用品的方法。

再比如，父母在家里通过创设有趣的环境，让孩子对每次玩完玩具的回收工作不再反感。对于 3 岁的孩子而言，他们的玩具大多是一些比较零散的玩具，家长可以提供一些颜色不同的透明收纳盒，并在上面做好孩子能够识别的标志，方便他们把玩具分类放回。这样孩子就可以通过不同的标示练习归类和整理，父母不必每次为了满地散落的玩具与孩子大费口舌。

聪明的父母会布置环境来协助自己管理孩子。例如，3 岁孩子已经开始厌倦父母重复的唠叨，但很多事情即使无数次地提醒他们，他们也还是记不住。所以，在家庭环境的布置上，父母要花点心思，想想如何才能把对孩子行为的要求用 3 岁孩子能够理解又乐于接受的方式展现出来。**视觉提示板是个不错的方法**。制作一些视觉卡片或其他可爱图形，将父母的要求融入其中，贴在与孩子视线水平相当的地方，可以有效帮助孩子内化这些要求，养成自我管理和规律作息的习惯。

视觉提示板作为家庭环境的重要部分，可以减少父母和孩子的不和谐对抗。它就像是家里无声的法官，必要的时候父母和孩子都需要尊重它的命令。尤其是对于那些学会了说"不"的孩子，视觉提示板可以在必要的时候帮助他们通过图片理解即将发生的事情，减少孩子因未知而产生的焦虑情绪。

总之，这些环境创设的小细节，会让 3 岁孩子生活的家庭张开温暖安全的手臂迎接孩子，孩子也因此有更强的自我效能感和更积极的自我意识。因为在这个遮风挡雨的城堡里，他是处处都得心应手的国王，没有什么能够不听他的使唤，没有什么让他望洋兴叹。

让孩子生活在"书香门第"

3岁是孩子的阅读敏感期，儿童早期阅读的"根"在家庭，创建好的儿童阅读环境最重要的是营造好的家庭阅读环境。我国自古崇尚读书传统，称赞一个人家庭出身好常说是出自书香门第，泛指有修养的家庭背景。家庭阅读环境及物质条件的满足，对3岁孩子来说，是最富裕和高贵的家庭背景。

皮亚杰强调："适宜的物质和心理环境能激发幼儿学习的欲望，增强幼儿主动活动的意识，从而促进幼儿语言的发展。"这充分说明了环境在幼儿成长过程中的重要作用。家庭阅读环境的设计和布置对3岁孩子阅读兴趣的激发和阅读习惯的养成意义非凡。

3岁孩子喜好模仿，易受暗示，所谓"染于苍则苍，染于黄则黄"，**家庭阅读环境的布置首先是阅读氛围的养成**。在一个家庭中，如果父母本身喜欢阅读，在家庭中形成一种良好的阅读氛围，孩子自然就会爱上阅读。但如果父母或其他家人喜欢在家里看电视、玩手机、打牌，甚至搓麻将，那3岁孩子自然就认为这些事情才是最有趣最重要的，这是由家庭氛围决定的。在孩子小时候，父母要多花心思，让他们高高兴兴地在家读书。家庭亲子共读会让孩子从小体会到读书是一件快乐的事，从而培养其积极的阅读态度。这种良好的阅读态度将使孩子受益终生，为孩子将来的善于学习、适应社会和文化修养等打下良好的基础。

在具体的环境设计和布置上，父母可根据家庭居住的实际情况安排出一个专门的读书空间，尽量在各方面满足3岁孩子的需求和喜好。它可以是一个小角落，甚至只是一个小沙发或一张小地毯，只要孩子喜欢并形成习惯，就可以是孩子独属的读书空间。对于孩子而言，读书的高贵与可贵之处并不在于外部环境有多么优越，家庭藏书有多么丰富，而是每次和父母依偎在一起，或独自待在一个安静的角落，感受一本书带来的快乐。

此外，结合3岁孩子的游戏心理和注意力不易集中的身心特点，父母要在家里和孩子形成一种独特的读书方式，**让读书变成家庭生活的一种快乐元素，变成一种好玩的仪式**。日本著名绘本理论大师松居直举过一个例子：有一位父亲，只要时间允许，他每晚都在睡觉前给自己上幼儿园的儿子念书，而且念书的时候要握着孩子的手。"握着孩子的手"这个小动作虽然听上去很平常，但对孩子的心理意义却是非凡的。正如松居直说的："推量那孩子的心情，我想那孩子会非常非常高兴，恐怕一生都不会忘记父亲读给他听的图画书，不会忘记每晚握着他的手给他读书的父亲和那大手的温暖。"温暖的大手传递给孩子一生的读书乐趣和书香记忆。"父母亲用自己的口，将这些文字一句一句地说给孩子听，就像一粒一粒地播下语言的种子。当一粒种子在孩子的心中扎根时，亲子之间就建立起无法切断的亲密关系。念书给孩子们听，就好像和孩子们手牵手到故事国去旅行，共同分享同一段充满温暖语言的快乐时光。即使经过几十年，我们仍然以自己的方式，将这些宝贵的经验和美好的回忆珍藏在内心深处。孩子们长大以后，我才真正了解到，当时我用自己的声音、自己的语言讲了这么多故事的意义在哪里。我也发现，通过念这些书，我已经在他们小时候，把一个做父亲的想对孩子们说的话说完了。"

让欢乐成为一种家庭氛围

一个 3 岁的孩子淘气好动，摔碎了桌上的玻璃花瓶，花瓶的水溅落一地，妈妈闻声从厨房跑出来，看到心爱的花瓶被摔碎，厉声叫道："怎么搞的，没长眼睛吗？一天到晚尽搞破坏……"孩子吓得瑟瑟站在那儿，刚才花瓶摔下去的情形已经将他吓得不知所措，妈妈的责备和怒气更让他害怕得不知如何是好。

另一个淘气好动的 3 岁孩子，摔碎了桌上的玻璃花瓶，花瓶的水溅落一地，妈妈闻声从厨房跑出来，看到小小的孩子被吓得瑟瑟发抖，她俯下身问孩子："好大的声响，吓我一跳。有没有被玻璃划伤手指？来让妈妈看看。"孩子心头惊恐的乌云立即散开，身体放松下来，妈妈的关心和不责备让他心里感到温暖。

同样的事件，发生在不同的家庭，剧情走向大为不同，孩子的感受也大为不同。许多年后，这两个来自不同家庭的孩子会成长为两类人，不同的家庭教养方式及情绪环境决定了他们各自的性格。瑞典教育家爱伦·凯指出："环境对一个人的成长起着非常重要的作用，良好的环境是孩子形成正确思想和优秀人格的基础。而在这所有的环境中，最重要的是父母的情绪以及由此而产生的家庭情绪环境。"

家庭情绪环境，即父母传递给孩子的教养态度和情绪，及父母自身的情绪状态。家庭情绪环境对孩子的生存发展影响深远，而且年龄越小的孩子受环境的影响就越深刻。多数 3 岁的孩子都能够察言观色，对他人细微的情绪变化非常敏感。有研究证明，甚至有些只有 6 个月大的孩子，对成人的争吵都有生理反应，例如在听到父母争吵和打架的时候，他们会出现心跳加快、血压升高的症状。经常目睹父母争吵的各个年龄段的孩子尿液中应激激素含量会增高。年龄越小的孩子在情绪感受和调节方面越容易受外界干扰，他们在混乱的环境中难以安慰自己，甚至会缺乏安全感。温暖和谐的家庭环境是他们发展社会性和情绪理解的基础。

父母是 3 岁孩子的情绪教练和情绪模范，是家庭情感氛围的重要主体和创造者。妈妈的情绪稳定会给 3 岁孩子基本的安全感和信赖感，而爸爸的情绪状况则直接影响孩子"我是谁，我是怎样的一个人"的概念。在日常生活中，要尽可能地为孩子营造一个情绪稳定的家庭氛围，并将其贯穿到家庭生活的方方面面。在营造氛围的过程中，父母首先必须处理好夫妻之间的情绪表达和语言沟通。例如，家人吃饭的时候，应当尽量让心情愉快。不要急匆匆地吃完，而要花点儿时间，一边聊着各种话题一边吃比较好。出现意见不一致的情况，父母应该提醒自己心平气和地与对方讨论，而不是不肯退让、大声争辩，等等。

温馨贴士

如果想让孩子成长为一个快乐、大度、无畏的人，那么孩子就需要从周围的环境中得到温暖。如果父母能互敬互爱，和睦相处，善于处理自己的情绪，尽可能表现得愉快、喜悦、乐观向上，不仅能使孩子生活在温馨的家庭氛围中，得到关心爱护，获得爱和尊重的体验，从而心情愉快，产生积极向上的情感，而且也为孩子处理消极情绪提供了榜样，对孩子感知、理解和处理情绪产生潜移默化的影响。如果父母经常争吵，家庭关系紧张，孩子极易产生焦虑不安、自卑、恐惧等不良情绪。这不仅不利于孩子形成初步的情绪调控能力，久而久之还会影响到孩子的心理健康。

孩子年龄越小，父母越有责任做好孩子的情绪教练。现实生活中，3 岁孩子时常会宣泄不满情绪，胡闹不听话，这几乎是父母每天必须面对的生活常态。在孩子闹情绪时，父母首先要控制和管理好自己的情绪，充分尊重和理解孩子表达其情绪的需要，然后才能抚慰孩子的情绪。但很多父母难以忍受，于是造成情绪冲突，结果可能是父母情绪占了上风，而孩子情绪没有发泄出来，抑郁纠结，逐渐积累，等待下次更猛烈的爆发。这样下去是危险的，孩子情绪不仅得不到宣泄，反而越积越多，情绪发展有可能走向消极方面。

因此，发展儿童的情绪智力，应特别重视家庭情感氛围的作用和影响，要在血缘亲情的基础上建立起理解、宽容、和谐的家庭氛围，有目的地帮助幼儿实现其情绪的宣泄。父母要在调节好自己情绪的基础上，努力做好孩子的情绪教练。例如，在生活中经常和孩子进行对话，告诉孩子对情绪事件的评价，帮助孩子使用相应的情绪标签。研究证明，如果一个 1 岁半的孩子听到关于情绪感受方面的谈话比较多，那么这个孩子在 3 岁左右就比那些听得少的孩子更乐意谈论自己的感受。在家庭对话中听到较多关于情感话题的 3 岁儿童，到 6 岁半时能更好地识别他人的情感。相反，如果父母对情绪的教导和预警是误导性的，孩子在童年中期就会对情绪有扭曲的理解，例如倾向于认为引起其愤怒的同伴具有敌意。

父母随笔

第 4 章

让孩子从小有家教、爱家教

3岁孩子已经懂得遵守约定、遵守规则的含义，比较容易接受家庭的教养规矩和风格，从不同的家庭走出来的孩子，在行为举止、待人接物等方面开始表现出差异，这些都是由家庭的教养风格及生活习惯决定的。

父母言传身教，帮助3岁孩子开启良好家教

家教不能强制，要让孩子理解和喜欢

3岁孩子的自我意识开始萌芽，他们特别关注别人如何评价自己，尤其在意来自父母的评价。他们已经开始理解在自身之外还有许多共同的规定和规则，也能够有意识地、自主地做一些事情。但是对于这个年龄阶段的孩子来说，知道一些规矩和道理与能够理解这些规矩和道理之间还有一定的距离。父母在给孩子提要求和定规矩的时候，不能像对待大孩子那样，仅仅是把规定和规

矩讲给孩子，而是要用 3 岁孩子能够理解和接受的方式告诉他们，让他们乐于接受。

对于 3 岁孩子而言，父母首先要把让孩子遵守的规矩、规定变成对孩子的帮助，让孩子在父母的行为言谈中知道规矩、规则，理解规矩、规则。比如，要求孩子玩完玩具要归位，保持室内环境整洁有序。但这个年龄阶段的孩子并不理解为什么一定要把玩具收起来，为什么一定要收拾好房间，不把玩具整理好有什么不好。对于刚开始不能遵守这个规定的孩子，父母尽量不要去指责他们，而是蹲下身来带孩子一起收拾整理玩具，在整理的过程中，告诉孩子玩具不回家散落在地上，晚上会很伤心，而且被人踢来踢去，找不到家，就会永远见不到自己的爸爸妈妈了。但是如果玩完之后记得送他们回家，玩具就会很高兴，下次再来找他们玩的时候，他们就会很开心和你一起玩。父母在和孩子一起整理玩具的时候，用这样的方式把整理玩具的规矩和道理告诉孩子，孩子就会容易理解，而且也获得了整理玩具的方法和乐趣。

孩子遵守规则，要及时给予夸奖

要让 3 岁孩子理解并坚持一件事情是非常有难度的，父母引导孩子遵守并坚持一条规定，要充分考虑这个阶段孩子的能力和行为。斯特娜夫人在她所著的《斯特娜的自然教育》一书中讲了这样一个例子。

有一位妈妈，规定3岁的儿子在洗漱刷牙后，要把牙刷放到牙缸中，不能随便扔在洗漱台上。可是每次儿子都会忘记，妈妈看到后觉得很生气。有一次，妈妈看见牙刷又被乱扔在台子上，便叫来儿子问："亨利，你怎么又把牙刷放在外面了？我不是对你说过牙刷用过之后要放回牙缸中吗？"

儿子正在摆弄自己的玩具，听见妈妈的话心不在焉地回答道："知道了。"

妈妈看见儿子并未重视自己的要求，便想加强一下"训导"的效果，她走到孩子跟前，轻声说："亨利，你过来一下。"妈妈牵着孩子的小手来到洗漱间，对他说："你看，牙刷又被放在外面了，多不好，现在送它回牙缸去。"

儿子迅速放好牙刷，转身就走。妈妈马上提醒说："以后要记住。"

第二天，亨利把牙刷放到牙缸了，但是妈妈并没有注意到。到了第三天，牙刷又出现在台子上了，这次妈妈看见了。

"亨利，你怎么又忘记把牙刷放回去了，怎么搞的？"

"妈妈，我以为你忘记了。"儿子说。

"为什么说我忘记了？"妈妈大惑不解。

"因为昨天我把牙刷放回去了，你什么都没有说啊！"

妈妈这才意识到，这么小的孩子对父母的肯定和表扬多么在意。当他们遵守规定，并能养成好的习惯时，父母应该给他们足够的肯定和

父母随笔

第四部分

走进 3 岁孩子的世界

读大自然和社会的"无字书"，是3岁孩子社会性发展的宝贵财富。

　　伟大的教育来自伟大的生活，孩子的人生有两件宝：眼力和见识。

　　父母要尽早带孩子走出家门，让孩子体验和尝试，长见识、长学识、长胆识。

第 1 章

3 岁的孩子需要走出家门

3 岁孩子的内在动力超出你的想象，但需要有被调动出来的机会。带孩子走出家门，让世界成为孩子记忆的强刺激，他的能量就会被激活……

他的世界变大了

3 岁是孩子生命成长的一个分水岭，当他们从小幼儿逐步长成一个大幼童，由于身体力量的增强，关注点也逐渐从与自身密切相关的东西转向外部世界，需要发展社会交往、社会适应等相关的能力。每一个生命从出生起，就必定生活在一个特定的家庭中，而这个家庭又浸泡在社会的大环境之中。一个孩子的健康成长除了要受到家庭的教育和影响外，最终都要无可避免地走入社会这个大环境。杜威说："理想的家庭必须扩大，必须让孩子接触更多的成人和更多的朋友。"父母要有意识地主动带孩子走出家门，让他们的社会能力尽早得到发展。

3～4岁是孩子的大航海时代，让孩子的双脚勇敢跨出家门，去开拓更广阔的疆域，是童年意义上的哥伦布大发现。孩子能够在逐渐扩大的外部环境中提高感知、观察和探索的能力。在深入探索外部环境的过程中，孩子还会产生各种各样的疑问，他们在对答案的探寻中进一步发展自己的好奇心、想象力以及发现问题、探索问题和解决问题的能力。

但是，孩子的世界每向外扩充一次，都是和父母不断斗争并取得胜利的结果。聪明的父母从不采取强硬的手段限制孩子对外部环境的探索和认知活动，而是以积极的态度去引导他们。随着孩子活动范围的扩大，父母要不断带孩子探索新的领域。在孩子接触和认识外部环境的过程中，父母要给他们讲解相关的知识，比如自然规律、交通规则，以及爱护公共财产的道理等等。

多接触外部环境，与家门外不同的人交流，可以帮助孩子学习和同伴友好相处的方法，以及解决与同伴交往中出现的矛盾、冲突的技巧。在"少子化"和"单元楼"日益普遍的今天，父母要有意识地带孩子走出家门，走进社会，让孩子尽早认识"世界"这本大书。相反，如果只是一味地限制，或是因为觉得孩子太小还不适合到大社会中去，或是因为害怕安全问题避免孩子走出家门，造成的后果可能就是，孩子失去了探索外部世界的冲动和兴趣，在陌生的环境中不知所措，很难融入新的环境，而且出意外的可能性反而更大。

所以父母要以积极的态度对待孩子渴望走出家门的愿望。而在带孩子认识环境时，尤其要突出对社会环境、社会规则、人际关系，以及对各种不同场合规定的认识和遵从。

给孩子一把打开世界的钥匙

"爸爸，这是什么？"

"爸爸，那是什么？"

"爸爸，那个小孩为什么要哭？"

"爸爸，路上的狗为什么叫流浪狗？"

…………

好奇是 3 岁孩子的天性，而且他们喜欢在真实的体验和感受中寻求一切问题的答案。

雪花落在手里会融化，是因为掌心的热度。

小妹妹坐在地上哭，是因为丢了心爱的玩具。

在火车上不能乱跑乱跳，是因为这样其他需要休息的旅客会不高兴。

红灯亮时不能通过，是因为另外一个方向的车辆正在通过，可能会伤害到自己的身体……

要回答十万个为什么，最好是让孩子自己体会和感受答案背后的知识，要让一切和孩子自己的生活经验紧密关联。正如卢梭说的那样，这个阶段的孩子"所获得的一切知识不能仅仅满足于由你口头传授，而是他自己探索发现而来"。不管在何种情况下，对孩子而言，最重要的不是学习了哪些知识，而是学会了如何在外部世界中获取知识。

让孩子熟悉身边环境

带孩子走出家门到外面去体验和感受，是父母送给孩子打开世界的一把金钥匙。

"走，爸爸带你去看看宇宙。"一个秋天的傍晚，下班回家的爸爸突发奇想，要带着孩子出去走走，理由是他觉得孩子已经长大了，可以去了。

"宇宙在哪儿？"孩子问道。

"噢，离这儿可有一段路呢。"

于是，孩子便跟随着爸爸的脚步去寻找宇宙。

"宇宙到底是什么？"孩子问。

"是所有的天地万物。那里什么都有，宝贝儿。"

他们走了很长很长的路去寻找宇宙。一路上，他们经过街角的便利店，在那里买了口香糖。接着，他们又经过了社区的公园、五金店、鱼店，还越过一条水沟，爸爸抱着儿子跃过水沟，那感觉既真实，又虚幻。一路上，他们边走边聊，看见了小石头上的蜗牛，看见了夜空中闪亮的群星，看见了微风里摇动的千针草，既亲切，又奇妙……甚至，连旅程中遇上的小险阻，因为有爸爸温暖厚实的肩膀，都是一种享受。孩子一直仰视着爸爸，看他嘴里吐出的"小云朵"，爸爸解释说这叫"哈气"。爸爸还手舞足蹈地讲了好多关于宇宙的事。也许对孩子来说，重要的不是爸爸讲了些什么，而是有这双牵着他往"宇宙"走的温暖大手。

几十年后，那个和爸爸寻找过宇宙的孩子仍旧对这种幸福的感觉念念不忘，于是就有了我们上面简述的绘本故事《爸爸带我看宇宙》。

对一个 3 岁的孩子来说，要让他感受世界，开阔眼界，不一定非得带他跑到很远的地方，孩子的宇宙其实就是身边真实的世界里，熟悉的环境里。正如《爸爸带我看宇宙》里的那位爸爸，一路上其实他真正带孩子感受的都是那些离自己生活最近的场景：便利店、五金店、公园、鱼店、小河沟、小蜗牛、漫天的星辰……宇宙就是我们平常的生活。

　　对于这个年龄阶段的孩子而言，熟悉和认识身边的环境就是在打开世界。父母要舍得花时间陪孩子慢慢打开身边的世界，带他们观察访问不同的环境，增强孩子对周围环境的兴趣。例如，带孩子去社区的邮局，观察邮局的工作人员怎样把信件从邮箱里拿出来进行分类，然后被一辆绿色的大卡车运走；带孩子去菜市场和水果市场，观察妈妈是怎样用钱和小贩们交换得来蔬菜水果，理解购买的意思；带孩子去乘坐公共汽车，观察无人售票的公交车上乘客如何上车、投币、下车；带孩子去超市，让孩子看到父母怎样列购物清单，然后在货架上挑选商品，最后怎样结账……所有这一切都是孩子生活中的小宇宙，在走出家门的最初几年，父母要尽可能地带孩子多去熟悉不同的场景和环境，通过各种方式让孩子接触不同环境，激发孩子对于外部世界进一步的兴趣和好奇心。

父亲在孩子社会性发展中的作用重大

　　美国著名的心理学家埃里克·弗洛姆在其《爱的艺术》一书中提出了母爱与父爱的不同特点。他认为，母亲给予孩子的是一种生活上的安全感和"无条件的爱"，而父亲的爱则是起到教育和引导孩子如何应对未来世界要面临的各种问题的作用，因为父爱代表着现实世界，代表思想、法律、秩序和纪律。父爱的最高发展目标是使孩子发展成为完全独立的个体，最终脱离父爱，成为完全独立的自己的主人，从而脱离父亲的权威，树立自我的权威。

在孩子的社会性发展上，父亲要多发挥自身的角色优势，注重对孩子的引导和鼓励。孩子过于依赖母亲的教育，就会无法走出狭小的生活圈。德国教育家福禄贝尔极其重视父亲在家庭教育中的作用，认为父亲不一定要特别找出时间来教育孩子，让孩子跟随自己，看到自己做事或帮助父亲做事的时候就是很好的机会。在孩子的成长中，父亲角色的加入，能把孩子引向开放的外在世界，激起孩子与外界交往的兴趣，能使孩子感受到他人的友善，并获得对他人、对世界的信任感，逐渐减少对母亲的依恋，勇于探索不同的世界。很多研究表明，与父亲相处多的孩子，有更高的认知技能和社会技能，心理调适能力更好，更多地表现出勇敢、自信、意志坚强等良好的人格品质。

3 岁孩子社会性发展的重点领域

人际交往和社会适应是 3 岁孩子社会学习的主要内容，也是其社会性发展的基本途径。幼儿在与成人和同伴的交往过程中，不仅学习如何与人友好相处，也在学习如何看待自己、对待他人，不断发展适应社会生活的能力。根据教育部《3－6 岁儿童学习与发展指南》在社会领域目标所列出的清单，3 岁孩子社会性发展的重点表现为：

　　3 岁是建立规则意识的关键期，在这个时期，要让孩子对群体生活产生兴趣，学会适应群体生活，在初步的社会生活中懂得遵守基本的行为规范，养成良好的行为习惯。这些将会帮助孩子尽早从自我中心的世界中走出来，学会理解他人，控制自己的情绪，为今后人生中的幸福打好基础。皮亚杰曾指出："一般的同伴交往和具体的同伴冲突是儿童发展社交转换能力的必要条件，是儿童摆脱自我中心的前提。"这些是他们日后"学会认知、学会做事、学会共同生活、学会生存"（联合国教科文组织提出的培养新一代所要具备的 4 项基本能力）的关键前提。

提醒父母的几点

父母是孩子社会能力发展的首要参照

　　有一则公益短片曾掀起了剧烈的社会反响，尤其是在青年父母群体中。这则短片是由一个名叫 Child Friendly 的儿童公益组织发布的，名叫 *"Children see, Children do"*（身教），其中的镜头让无数父母陷入深思：无论我们对孩子心怀怎样的期盼和努力，在他们那里，我们才是他们社会生活的主要参考。让我们看看其中几个片段：

一位母亲从商场扶梯口出来，随手将手里的烟头朝地上一扔，跟在后面的孩子也将自己手里的东西随手一扔。

一位母亲在堵得厉害的车道上对肇事者破口大骂，坐在车后座的孩子也探出自己的小脑袋对着窗外无辜的一切露出恶相。

一位父亲带着孩子穿过人流拥挤的地铁口通道，撞到了身旁经过的老人，父亲熟视无睹地经过了老人，身后跟着的孩子从老人和扶梯间的缝隙穿越而过。

一位母亲把喝过的可乐瓶随手丢到了干净整洁的街道旁，女儿也急急忙忙把手中还没喝完的可乐瓶扔了出去……

看到了吧，孩子其实就是我们做父母的一面镜子，无时无刻不在折射着他们眼中的父母。对于 3 岁孩子来说，观察和模仿简直就是随身携带的出色本能，他们可以随时随地吸收和释放从父母身上得到的影响。他们最好的课堂从来都不是学校，而是你的一言一行。

苏联教育家马卡连柯告诫父母："不要以为只有你同孩子谈话、教训他、命令他的时候，才是教育。你们是在生活的每时每刻，甚至你们不在场的时候，也在教育着孩子。你们怎样穿戴，怎样同别人谈话，怎样谈论别人，怎样欢乐或发愁，怎样对待朋友或敌人，怎样笑，怎样读报，这一切对孩子都有重要的意义。"黛西系列绘本（Daisy）中有一本叫 You Do，通过几段母女之间的简短对话，生动地再现了父母言行是如何在孩子身上发挥作用的。有一天，妈妈说：

"黛西，不要抠鼻洞！"

"可是妈妈你也抠过鼻洞啊。"

"什么时候？"

"就是上次在去看望外婆的车上。"

"可是那是因为我的鼻子痒才抠的啊。"

又有一次，妈妈说：

"黛西，请不要坐在椅子上动来动去的。"

"可是妈妈你也这样过啊。"

"什么时候？"

"就是上周我们在教堂参加婚礼的时候。"

"那是因为教堂的椅子太硬了。"

孩子就像是一个复印机，无形中就习得了我们身上的所有特点。正如短片 Children See, Children Do 里所演示的那样，孩子身上的大部分习惯，都是从大人不经意的言传身教中学会的。你要孩子养成怎样的社会行为，具备怎样的社会礼仪，首先要让孩子在你的身上看到这一切，这是一条千古不变的金科玉律。

父母对 3 岁孩子的社会能力发展要求不能太高

无论怎样，3 岁孩子的身心正在发展之中，尤其在情绪控制、注意力等方面还处于不稳定阶段。父母要重视孩子的社会能力发展，但对其要求不可太高，更不能在一开始就拿成人社会的标准去要求孩子，或因为孩子不能表现出大人期望的样子而羞辱和责罚孩子。要用孩子能够理解的方式，让他们从内心感受到什么才是最合适的行为。另外也要通过反复引导，并通过给予恰当行为的"正强化"来慢慢改变孩子表现出来的不当举动。

法国思想家卢梭说："儿童在成为成人之前，应当是儿童。"儿童要适应成人所主导的社会，掌握成人社会的规则和礼仪，需要成年人的恰当引导和耐心指导，没有哪个人是天生掌握一切的。

拿现实中的例子来说，3 岁之后，孩子就会变得特别爱说话，但是很少愿意等待别人把话说完，或者安静地听别人说，也就是我们经常说的"爱插话"。拿成人的标准看，"插话"是一种特别没礼貌的表现，作为一个有礼貌的人，你必须要耐心地听别人把话说完。但这对于 3 岁的孩子来说太难了。

父母在教孩子懂得"表达之前先学会倾听"这则礼貌时，并不是说一句"别人说话时不能插话"这么简单，或者严厉地责备他们这样没礼貌，甚至用"以暴制暴"的方式直接强行制止他们的插话行为。这无形中就会压制孩子的表达欲望，而且对于帮助他们养成不插话的习惯效果不大。

当你发现孩子在别人说话时总是会打断别人，或者完全不理会别人说什么，总是自己说个不停的时候，你可以在孩子停下来的时候首先说"谢谢你，说得很好！可是你刚才打断了 XX 的讲话，我只听见你说的，没有听见他说的话该怎么办啊？"当孩子困惑于你的问题时（因为他之前丝毫不觉得还存在这样一个问题），你可以告诉他"当别人说话的时候，我们要做一个用耳朵认真听的听众"。要是他问你，"那如果实在是想说话怎么办呢？"你可以启发孩子和你一起思考，例如"听别人说话的时候眼睛要看着说话的人""有问题想说话的时候可以先举手""别人说话停下来之后才可以说话"等等。为了让孩子掌握这些规矩和技巧，你可以和孩子玩一个"谁是好听众"的游戏，如果孩子在游戏中表现出色，你可以给他及时的夸奖和奖励，他就会很乐于重复这样的行为。

温馨贴士

　　要把对孩子的行为要求和规矩变成孩子能够理解和乐于接受的方式，让他们慢慢掌握，而不是让孩子在一次次的"不要""不能""你怎么又……"的责骂声中惧怕规矩和远离规矩。总之，对一个 3 岁孩子的社会能力发展，父母要尽量把要求"放低"和"放小"到孩子能够理解的具体行为，而且最好能使用他们喜欢的轻松快乐的接受方式。

父母随笔

第 2 章

重视孩子社会能力的发展

从 3 岁开始，孩子社交能力的培养应该是重中之重。父母需要为孩子提供社会化的环境，比如让孩子接触更多的人，寻找更多的小伙伴，应当入园的时候按时入园等。另一方面，父母也需要教孩子一些必要的技巧，使他们理解并适应一些必要的社会规则、规范。

带孩子去串门

3 岁孩子初次接触社会，首先要先熟悉自己身边的环境和人，尤其是和自己生活最接近的那些人，比如小区的同龄人、幼儿园的小伙伴、家里来往的亲戚，都可以成为孩子的玩伴，不必舍近求远。例如，孩子 3 岁以后，适当地带他外出到亲友家串串门，对孩子来说也是一种有趣的经历，孩子可以从中学到一些社交礼仪及待人接物的方法，可以从别的小朋友那里学到一些新的游戏形式，学习怎样与陌生人相识相处。

带孩子出门做客和串门，是让他们建立更多人际关系的机会，也是发展他们社会能力的机会。父母要重视带孩子在外面与人交往的要求，要耐心地给孩子介绍将要见到的人，特别应介绍如何称呼等基本情况；还要给孩子明确在外做客时应有的文明礼貌，要让孩子知道在外面做客和在家里做小主人不同，各家的生活习惯和规矩是有区别的，要守规矩、懂礼貌，别人家的东西，未经允许不能随便拿、翻，有些事情不可自作主张。提醒孩子和同伴玩耍时要注意的地方，告诉孩子今天自己是"小客人"，小客人一定要尊重小主人的意见，要多用商量、征求的口吻，如："好不好？""可以吗？""我能玩一会儿吗？"……并可根据自己孩子的个性特征给予重点强调要求。

做客过程中父母也要关心自己的孩子，不能任由孩子自己玩，放手不管。可从侧面观察孩子在与小伙伴玩耍中的情况，作一些适当的指点和暗示，帮助孩子矫正一些不适宜的言行举止。如果小伙伴之间发生了矛盾，可以在父母的提醒下，让孩子自己去解决。如果发现是自己孩子做得不对，也可把孩子带到一边，慢慢讲道理，善意地提出批评，并指导孩子该怎么做。如需要道歉的话，也应鼓励孩子勇敢承认错误，言归于好。如果发现错误不在自己孩子，并且孩子吃了亏，父母也要心平气和地对待，告诉孩子"你没有错，但我们是客人，能谦让就谦让"。

要让孩子成为更受同伴欢迎的人，有更好的人缘，结交更多的朋友，父母在平时的生活中，还需要教会孩子一些社会化的技巧。在生活中，父母要展示给孩子看，如何正常地与人打招呼、交往。作为家长，应与邻里和睦相处，调节好家庭的气氛，婆媳互敬互爱，孩子才会形成"与人为善"的交往思想，从而指导他们的行动。有客人来家里玩，父母要热情接待，有礼貌地打招呼和交谈，给客人倒茶、拿饮料，等客人走时，客气地送别，欢迎下次再来。这样做实际上是给孩子做出行为表率，让孩子在潜移默化中受到教育。这不仅培养了孩子的交往能力，也使孩子在交往中学会礼貌待人，学会了社会交往的技能和许多本领。

打打闹闹交朋友

孩子到了 3 岁就会想交朋友，本能地需要小伙伴，这是他们最初社会性的萌芽。对于孩子来说，在和同龄的小伙伴相处的过程中，他们可以互相学习，体会到交往的快乐，这有利于健全人格的形成。每个孩子在与他人尤其是同龄人交往的过程中，都要经历从"以我为中心"向"以群体为中心"的过程转化。

但是，交往能力并不是天生具有的，很多孩子在这个年龄阶段的交往中都会经常出现冲突、打闹、暴力，甚至是退缩等问题。从儿童发展的角度来看，冲突是孩子生活的重要组成部分，解决冲突的方式对孩子社会化发展有很大影响。如认知心理学大师皮亚杰所说："一般的同伴交往和具体的同伴冲突是儿童发展社会视角转换能力的必要条件，是使儿童摆脱自我中心的前提。"良好的同伴交往有利于幼儿身心健康发展，有利于促进幼儿社会性交往的发展，是幼儿社会化的重要途径。

孩子不会交朋友，容易和其他小伙伴发生冲突，甚至打架，其实这是他们在学习和练习适合自己的社交方式。有一位妈妈，很为自己的女儿担心，因为女儿今年刚上幼儿园，可总是适应不了幼儿园的生活，尤其是在班级里很孤独，交不上几个朋友。据妈妈的观察，孩子平时跟小朋友玩时老是说"我不跟你玩，你讨厌，这是我的，不给你"，而且要是有小朋友碰到她（不管有意无意）就号啕大哭着喊"她打我"。

3 岁左右孩子的自主意识开始增强，在别人面前维护自己的东西起冲突是很正常的，这个时候父母可以不用去干涉。但是如果孩子在同伴交往中总是动手打人，或者伤害到别人，就会影响他最初的同伴交往质量及心理感受。当别的小朋友不跟他一起玩时，他可能就会开始苦恼了，他可能会跟妈妈说"他们不跟我一起玩"。所以家长一定要记住，当孩子求助我们时，我们一定要告诉他原因是什么，你应该怎么做。鼓励他与别的孩子正常交往，这样孩子就能够慢慢学会与别人交流的技能。

学会和陌生人打交道

2016 年，《爸爸去哪儿》其中一期节目一经播出就引起了许多网友的热议和反馈，节目中在奶爸与萌娃的互动中增加了许多与"陌生人交往"的安全提示。比如，当有热心路人向小亮仔赠送食物时，字幕会打出"不能吃陌生人给的食物"的字样，提醒电视机前的小朋友。当李亦航跑去一边玩耍离开实习奶爸向佐的视线时，字幕会出现"小朋友要跟紧大人，不要独自离开"的安全提示。不少网友纷纷表示支持节目组关于陌生人的教育理念，但也有网友认为节目组设置的"陌生人教育环节"从源头上就是错误的暗示。

我们经常能从电视、报纸等媒体的报道中看到孩子被陌生人伤害的消息。提起陌生人，很多父母变得如惊弓之鸟一般，不愿让孩子外出玩耍，不让孩子和任何陌生人说话。为了孩子的安全，很多家长告诫孩子所有的陌生人都是大灰狼。他们会吓唬孩子，"不听话，就让陌生人带走""在外面千万不可吃陌生人的东西"等，在孩子的小脑袋里种下"陌生人就是大坏蛋"的认识，严重影响 3 岁幼儿的认知。

在国外，警惕陌生人也是父母们普遍关注的大问题。美国北卡

Tips

与其过度保护孩子安全，不如引导孩子正确认识世界。

具体的事情，可能很多孩子都回答不上来。

如果爸爸妈妈能带着孩子上一天班，不仅这样的问题能迎刃而解，孩子们还能在感性认识中知道爸爸妈妈每天离开自己到底是去了什么地方，在干什么——为什么每天要在固定的时间离开家去上班，下午又能回来？为什么有时候要离开自己几天去出差？他们也会逐渐明白，爸爸妈妈每天在家里聊起或接电话时所说的同事、叔叔、阿姨和一些工作的事情究竟是什么样。

温馨贴士

创造机会带3岁孩子和自己去上班，不但可以加深亲子关系，还可以让孩子对父母的工作加深了解，这样孩子在上幼儿园或在家时，就不会无理地大喊着要爸爸和妈妈。许多人认为，现在社会环境改善了，但孩子往往只能看到父母早出晚归的身影和赚来的能够买到很多东西的钱，却没有亲眼见过父母辛苦拼搏的过程。"与世隔绝"的孩子们也许以为自己每天就应该和爸爸妈妈在一起。如果可以带孩子上班，有些孩子就会因此对父母产生更多敬意，甚至立志长大后从事与父母相同的职业。

一些国家有在职父母带孩子上班的节日。在美国、加拿大等国家，每年都有"带孩子上班日"。很多大大小小的企事业单位都会参加这个活动，并安排特别的场地与体验项目，号召员工与子女一起来上班。这个全国性活动的目的，不仅是为了增进亲子关系，更在于给孩子一个了解自己父母所从事的工作的机会，使孩子有机会接触成人的世界，了解真实世界如何运作，理解劳动的价值与意义，同时也打开了孩子们对自己未来的想象之门。

带孩子感受公共文化

说起带孩子感受公共文化，很多人会不以为然，认为 3 岁的孩子那么小，哪里能感受什么文化。但是作为一种审美情趣或者说文化素养的培养，从小接触和感受公共文化，对孩子来说，真的很重要。比如，在孩子很小的时候，父母经常带他去公共图书馆、博物馆、文化馆等地方，让孩子从小习惯于把感受公共文化作为生活的一部分，对孩子的成长好处很多。

图书馆、艺术馆、展览馆等地方，都是经过精心设计为人们介绍和传承文化的场所。特别是现在的一些博物馆，在实物布展和细节设计上越来越注重低龄幼童的参观需求和兴趣，展出的实物适合孩子们具体形象的思维特点，有助于他们在具体实物和抽象概念之间建立联系，这无论对于他们学习新知识还是重温已有的知识都很有好处。

经常参观博物馆和接触一些公共文化，还可以激发孩子的灵感，开拓他们的视野。父母经常带孩子参观各种各样的博物馆就像是为孩子打开无数知识的窗口，使孩子见多识广，眼界开阔，思维活跃，兴趣广泛，成功的机会也会更多。和孩子一起去参观博物馆还有一个好处是能够增强孩子的学习动机，并增进亲子之间的良好关系。在家长的陪伴下去参观一些有趣的展览，孩子不但可以和爸爸妈妈一起度过一段有意义的时光，一起学习新知识，还可以在一家人之间增加许多有意思的话题，甚至研究课题。在共同的探索中，爸爸妈妈在为孩子做出学习榜样的同时，也会对孩子的兴趣、能力和特点更加了解。

现在有越来越多的年轻父母已经意识到了公共文化的滋养对于孩子成长的重要性，他们会精心地为孩子选择适合他们年龄特点的博物馆、展览馆等，这一点非常重要。对于 3 岁孩子，要尽量选择一些专门为儿童设计的儿童博物馆，慢慢培养他们的兴趣。而且，要在参观前做一些准备，计划好要参观多长时间，参观哪些展览室，并尽量避开参观的高峰期，以免由于过度拥挤或空气不良而产生一些问题。孩子越小，参观的时间就应当越短，计划也要越灵活。必要时及时离开，绝不要强求，重要的是保持孩子的参观兴趣。一个大的博物馆不妨分成几次来参观完，更别忘了给孩子留上一段自由玩耍或吃零食的时间。

还有一点也很重要，那就是要在参观前立下一些规矩，让孩子知道，在博物馆等公共场合里什么样的行为是可以接受的，什么样的行为是不允许的，以及违反了规矩的后果是什么。

平常难以接触到博物馆、展览馆、图书馆等社会文化资源的父母也不要为此烦恼，要能客观地认识公共文化资源这件事情，尽量去发现和挖掘自己身边的文化资源，带孩子融入其中。比如，在很多农村地区的父母，可以结合自己生活中的祠堂、文化广场、文化仪式等资源，开拓对孩子的教育。

让孩子从小接受节日教育

让孩子从小了解自己国家的文化很重要，因为我们每个人都需要了解自己是"谁"，为什么具有一些共同的价值取向，为什么要遵从某些传统。传统节日是我们了解过去的主要方式。像中国这样拥有丰富文化传统的古老国家，更需要国民铭记和珍视这些传统文化。

皮亚杰指出："幼儿思维尚处于具体运算阶段，他们的思维还要借助于具体事物的支持。儿童认知能力的发展取决于他如何与客观环境发生相互作用，即如何活动。"传统节日来源于生活，节日教育活动所特有的情境性、实践性和娱乐性，能使幼儿在自然、宽松、愉快的氛围中

（续）

发展领域	成人指导

认知能力

- 在聆听故事时会做出评论
- 能够识别三角形、圆形、正方形等
- 能在一个维度上对物品进行分类
- 能够说出、匹配主要的颜色

语言能力

- 谈论不在场的物品、事件或人物
- 要求成人关注自己以及环境中的物品或事件
- 使用常用的社交用语
- 能够哼唱经常听到的旋律或儿歌

情绪能力

- 能理解轮流的含义，但有时还做不到
- 能够识别自己是"男孩"还是"女孩"
- 会保护自己的玩具和财产
- 仍然需要像小棉被、毛绒动物或玩具等安慰物

- 为孩子提供无毒的手工材料，如彩色蜡笔、水洗彩笔、橡皮泥等
- 多陪孩子到户外活动，鼓励孩子多做运动，如放风筝或捉迷藏
- 按照孩子的节奏一起散步，给孩子留出足够的时间去自由探索
- 将易点燃的蜡烛、火柴和打火机放到孩子接触不到的地方
- 在停车场或穿越街道时，一定要抓紧孩子的手
- 乘车时让孩子坐在固定的安全座椅上

后 记

历经两年的研发和改进，《N 岁孩子　N 岁父母》这套"家庭·家教·家风"教育丛书的第一辑（0～6岁分册），终于在课题组和研究团队的共同努力下完成了，无尽的激动、喜悦、期待与感激萦绕在每一位参与者的心头。

"这套书就像我们的孩子一样！"这是团队成员在研发和编写的过程中最常吐露的心里话。之所以会有这样的感触，源于团队成员始终坚持并期待的研发目标——回归。

回归科学的发展规律。儿童的发展就像一颗种子，自孕育开始，就有着自身既定的成长轨道和方向，不会因为一味地给予、爱与自由而变得简单，也不会因为各种实验、测试、考察而变得复杂。我们只崇尚最客观、最关键的发展规律和特点，看到儿童发展的核心本质与真实状态，尊重每一个独特而美好的生命。

回归家庭的教育功能。家庭是生命之初的整个世界，它不会因为贫穷、简陋而变得冰冷难耐，也不会因为富有、奢华而发出万丈光辉。我们只坚持让孩子能够在稳定、积极、和睦的环境中成长，只要求父母的尊重、关怀、包容、引导，并以身作则，而无关金钱的投入、机构的熏陶。

回归日常的点滴生活。一只小虫足以让孩子兴奋一整天，一个故事足以让孩子畅游一段童年，孩子的一颦一笑、一举一动都是生活百态的滋养。我们只期待孩子能够在自然、有趣的游戏和陪伴中度过每一天，在生活中发现、探索、收获、成长，也期待家长朋友们能够从孩子的点滴变化中收获为人父母的惊喜与感动。

回归文化的自信与包容。活泼好动地到处探索或安静内敛地阅读绘画，对孩子来说，这都是他们独一无二的性格特征。同样，在万圣节身着奇装异服要糖果，或在新年张灯结彩地迎新春，对孩子来说，这些都是他们从未见过的节日景象。我们只希望在本土家庭中成长的孩子，既有着东方传统气韵的自信，又有着包容万象文化的胸怀。

希望这套丛书不仅可以成为家长们的育儿手册，还可以成为家长们的自我成长手册；不仅可以成为儿童教育养育的参考指南，还可以成为家庭教育本土化的探索与积累。

这套丛书是团队集体智慧的结晶。感谢中国教育科学研究院的王晓燕助理研究员、著名编导田禾老师、西北师范大学的瞿婷婷博士、资深编辑李丹丹老师和家庭教育热心关注者李莉老师的倾心参与；感谢海淀区社区教育专家组成员、原北京市清河小学和中学校长、高级教师沈亚清老师对开发工作的细心指导；感谢北京城市学院蔡永芳博士、日本御茶水女子大学儿童学专业博士卢中洁提供的资料支持；感谢北京市燕山地区高级教师左玉霞、燕山地区幼儿园、北京师范大学幼儿园、空军装备研究院蓝天幼儿园对问卷、访谈等工作的高度支持；感谢参与调研的数百名家长朋友们的真实讲述；感谢课题组史篇、邹文馥、王颖、金菁等成员对材料、资源的搜集与整合；感谢现代教育出版社陈琦社长、李静主任、赵延芹编辑；感谢写作前期参与调研的 600 名家长和 100 名幼儿园老师。感谢为这套丛书的出版出谋划策的每一个人！

特别感谢甘肃忠恒集团的董事长房忠先生，给丛书的开发提供全面的支持，还要感谢北京师范大学文化创新与传播研究院的各位同仁，给了我默默的支持和帮助。

尤其幸运的是本丛书得到了北京师范大学家庭教育开创人赵忠心教授的推荐作序，还有北京师范大学著名儿童教育专家钱志亮老师对本书价值的大力肯定与隆重推荐。

最后感谢《N 岁孩子　N 岁父母》这套书的每一位阅读者！希望大家提出宝贵意见，我们会在适当的时候对丛书的内容进行修改，并相继推出第二辑（7～12 岁）、第三辑（13～18 岁）的指导手册。

希望家庭教育能够得到更多人的关注与支持，祝愿每个孩子都能健康、快乐地成长，每个家庭都能变得更加和睦、温馨！

尚立富

2017 年 3 月 15 日